EXAMEN

DES

APPARITIONS ET RÉVÉLATIONS

DE L'ANGE RAPHAEL,

A Thomas MARTIN, serviteur de Dieu, dans les mois de janvier, février, mars et avril 1816.

Si hodie vocem ejus audieritis, nolite
obdurare corda vestra.
(*Ps. 94, v. 9.*)

DIJON,

Chez COQUET, Libraire, Place Saint-Jean.

M. DCCC. XVII.

EXAMEN

Des *APPARITIONS* et *RÉVÉLATIONS* de *L'ANGE RAPHAEL* à Thomas *Martin*, serviteur de *DIEU*.

I. On a lu dans le journal général de France, du 20 janvier 1817, la nouvelle d'un événement qui ne paroît pas avoir fait une grande sensation, ni dans la capitale, ni dans les provinces; et qui néanmoins mérite d'être pris dans une sérieuse considération, vu son importance pour le salut du Roi, pour le salut de la famille royale, et en général de tous les habitans de la France.

II. L'événement dont il s'agit est l'acte le plus éclatant de la patience miséricordieuse dont la bonté divine puisse user envers la nation française qu'elle appelle à la pénitence, parce que cette pénitence peut encore prévenir les fléaux dont elle est menacée, en punition de tant de crimes dont elle s'est rendue coupable. Elle est donc avertie que ses crimes provoquent la vengeance du Ciel qui ne peut être différée plus long-temps sans manquer de satisfaire à la justice de Dieu, si nous tous, tant que nous sommes, habitans de la France, n'obtenons miséricorde par un prompt retour vers l'Être suprême, par un profond et sincère repentir de tant d'outrages commis contre la Majesté du Dieu Tout-Puissant, et par de dignes fruits de pénitence de tant de forfaits.

III. Prosternons-nous devant la Majesté divine et rendons-lui d'abord nos très-humbles actions de grâces de ce qu'elle a bien voulu différer jusqu'à ce jour la juste punition des crimes dont la nation française s'est souillée pendant un si long cours d'années, et de ce qu'elle daigne nous avertir qu'il est encore possible de détourner le glaive de la vengeance suspendu sur nos têtes, tout prêt à nous frapper irrémissiblement, si nous négligions de profiter de ce mémorable avertissement, objet du récit dans lequel nous allons entrer.

IV. Thomas Martin, laboureur au village de Gallardon, diocèse de Versailles, âgé de trente-trois ans, marié, père de quatre enfans, homme simple et droit, a été trouvé digne devant Dieu, d'être chargé de faire connoître au Roi Louis XVIII, ses volontés sur lui et sur la nation française. Cet homme juste (nous devons le croire, puisqu'il a été favorisé d'une grâce aussi spéciale), a eu de nombreuses apparitions dans le cours des mois de janvier, février, mars et avril 1816, d'un personnage à lui inconnu jusqu'au 10 mars 1816, jour auquel l'inconnu lui déclara qu'il étoit *l'Archange Raphaël, Ange* (lui dit-il) *très célèbre auprès de Dieu*. Vingt-deux de ces apparitions sont spécifiées par la date du mois et du jour qu'elles ont eu lieu, dans un rapport authentique fait le 6 mai 1816, au ministre de la police, par les sieurs Pinel et Royer-Collard, docteurs médecins. Ce rapport sera imprimé séparément.

V. « (1) Dans la première apparition qu'eut
« Martin, le 15 janvier 1816, étant dans un
« champ où il travailloit, le personnage à lui
« alors inconnu, lui dit : *Il faut que vous al-*
« *liez trouver le Roi, et que vous l'avertissiez*
« *que sa personne est en danger, que des mé-*
« *chans cherchent à renverser le gouverne-*
« *ment; que plusieurs écrits ou lettres ont dé-*
« *jà circulé dans plusieurs provinces de ses*
« *états à ce sujet; qu'il faut qu'il fasse faire*
« *une police exacte et générale dans ses*
« *états, et surtout dans sa capitale; qu'il faut*
« *aussi qu'il relève le jour du Seigneur, qui*
« *est méconnu par une grande partie de son*
« *peuple, et qu'il le fasse sanctifier par des*
« *exercices de piété, et par un repos absolu;*
« *qu'il faut qu'il ordonne des prières pu-*
« *bliques pour la conversion du peuple, qu'il*
« *l'excite à la pénitence, et qu'il abolisse*
« *et anéantisse les désordres qui ont lieu*
« *dans les jours qui précèdent la sainte qua-*
« *rantaine; sinon toutes ces choses subsis-*
« *tant, la France tombera dans les plus*
« *grands malheurs.* »

VI. Les deux apparitions qui suivirent
eurent lieu le 18 et le 20 du même mois de
janvier. « Le 18 janvier, Martin étoit dans
« sa cave avec de la lumière ; saisi de frayeur
« à la vue du personnage inconnu, il laissa
« tomber la lumière et s'enfuit. Le 20 janvier

---

(1) Tout ce qui est imprimé avec des guillemets est
copié littéralement du rapport des médecins Pinel et
Royer-Collard.

« Martin allant dans une grange pour y
« prendre du fourrage et donner à manger
« à ses chevaux, l'inconnu se présenta à lui
« devant la porte de cette grange, et Martin
« s'enfuit, ainsi qu'il avoit fait deux jours
« auparavant à cet aspect. »

VII. Dans la quatrième apparition « le
« dimanche 21 du même mois de janvier,
« comme il rentroit dans sa maison revenant
« de l'Eglise, le personnage inconnu lui dit :
« *Acquittez-vous de votre commission, faites*
« *ce que je vous ai dit.*

VIII. « Martin inquiet de toutes ces appa-
« ritions, en rendit compte au curé de sa pa-
« roisse. Celui-ci, après lui avoir donné les
« plus sages conseils, dit une messe du Saint-
« Esprit, le 24 janvier, pour que Martin fût
« éclairé sur la vérité de ce qu'il voyoit. Au
« retour de cette messe, Martin rentré chez
« lui, monta sur son grenier ; il y préparoit
« du blé pour le porter au marché, l'in-
« connu lui apparut et lui dit : *Acquittez-vous*
« *de votre commission, le temps presse.* »

IX. « Cependant le curé de Gallardon ne
« sachant que décider sur une pareille ma-
« tière, et pressé par les sollicitations de
« Martin, instruisit de tous ces faits M.
« l'Evêque de Versailles, et lui envoya en-
« suite Martin pour qu'il le vît et l'interro-
« geât. M. l'Evêque de Versailles lui fit en
« effet quelques questions, puis il lui dit
« que lorsqu'il reverroit le même personna-
« ge, il lui demandât de sa part son nom,
« et par qui il étoit envoyé. Après cet inter-
« rogatoire, Martin retourna chez lui. »

X. « Le 30 du même mois de janvier,
« l'inconnu se présenta à Martin et lui adres-
« sa ces paroles : *Votre commission est bien*
« *commencée, mais ceux qui l'ont entre les*
« *mains n'en feront rien. J'étois présent*
« *lorsque vous avez fait votre déposition,*
« *mais j'étois invisible. Il vous a dit de me*
« *demander mon nom, et de quelle part je*
« *venois. Mon nom restera inconnu; je viens*
« *de la part de celui qui m'envoie, et celui*
« *qui m'envoie est au-dessus de moi.* Mar-
« tin répliqua : Pourquoi vous adressez-vous
« à moi pour une commission comme celle-
« là, moi qui ne suis qu'un paysan ? L'in-
« connu lui fit cette réponse : *C'est pour*
« *abattre l'orgueil. Pour vous il ne faut pas*
« *prendre d'orgueil de ce que vous avez vu*
« *et entendu ; pratiquez la vertu ; assistez*
« *à tous les offices qui se font dans votre pa-*
« *roisse les dimanches et les jours de fêtes ;*
« *évitez les cabarets et les mauvaises com-*
« *pagnies où se commettent toutes sortes*
« *d'impuretés, et où se tiennent toutes sortes*
« *de mauvais discours.* »

XI. Martin dit que « ces apparitions se ré-
« pétant un grand nombre de fois, elles de-
« vinrent si fréquentes, que lui qui dans
« le commencement les recevoit toujours
« avec une impression de terreur, sur-tout
« quand la personne disparoissoit, finit en
« quelque sorte par s'y accoutumer. » Il
faut mettre dans le nombre de ces apparitions, celle comprise dans le rapport des
médecins Pinel et Royer-Collard, et dont
le fils de Martin leur rendit compte en ces

termes : « Un jour étant occupé à labourer
« dans un champ avec son père, il vit ce
« dernier s'arrêter tout-à-coup, s'appuyer
« sur sa charrue, et rester-là quelque temps
« dans l'attitude d'un homme qui écoute ;
« instruit de ce que Martin avoit éprouvé
« antérieurement, et se doutant bien que le
« même phénomène se renouveloit, il vou-
« lut s'arrêter aussi, afin de se rendre plus
« attentif à ce qui se passoit ; mais il ne
« put, malgré tous ses efforts, empêcher
« son cheval de marcher, et il fut obligé
« de courir après lui. Martin lui avoua
« qu'il avoit eu, dans ce moment-là, une
« nouvelle apparition, et lui raconta ce qui
« s'étoit passé.

XII. « Martin dit : Qu'un autre jour,
« sur les quatre heures du soir, l'inconnu
« lui dit : *Pressez toujours votre commis-*
« *sion. On ne fait rien de ce que je vous*
« *ai dit. Ceux qui ont les affaires entre les*
« *mains, sont enivrés d'orgueil. La France est*
« *dans un état de délire, et elle sera livrée*
« *en proie à toutes sortes de malheurs.* »

XIII. « Une autre fois il l'assura que *si on*
« *ne faisoit pas ce qu'il ordonnoit, la France*
« *étoit destinée à toutes sortes de malheurs;*
« *que la plus grande partie du peuple pé-*
« *riroit, qu'elle seroit livrée en opprobre à*
« *toutes les nations, et qu'elle n'auroit*
« *point de paix avant l'année 1840.* Il lui
« annonça aussi dans une de ces apparitions,
« *qu'il seroit conduit devant le Roi, et qu'il*
« *lui découvriroit des choses secrettes du*
« *temps de son exil, mais dont la con-*

« noissance ne lui seroit donnée qu'au mo-
« ment où il seroit introduit en sa présence;
« qu'il lui révéleroit aussi des conjurations
« formées contre lui ; qu'il lui désigneroit
« les chefs, mais qu'il ne pourroit parler
« de ces choses qu'au Roi, ou à son frère,
« ou à ses neveux. »

XIV. « Enfin, un jour il lui dit : *Que tout*
« *récemment un coupable s'étoit échappé de*
« *prison ; que cette fuite n'étoit point un*
« *effet de la ruse et de l'adresse, comme*
« *plusieurs l'avoient cru, mais qu'elle avoit*
« *été préparée et concertée d'avance, et*
« *que le Roi en auroit la preuve.* »

XV. « C'est dans ces entrefaites que le
« Préfet du département d'Eure et Loir, ins-
« truit par M. l'Evêque de Versailles de
« tous les faits qui viennent d'être rappor-
« tés, donna ordre qu'on lui envoyât Martin;
« et la veille du jour que l'ordre devoit être
« exécuté (ce devoit être le 7 mars), l'in-
« connu apparut à Martin , et lui annonça
« *qu'il alloit bientôt paroître devant. le*
« *premier magistrat de l'arrondissement ;*
« *qu'il ne falloit point qu'il fléchît devant*
« *la qualité ni la dignité, qu'il devoit dire*
« *les choses telles qu'elles lui avoient été*
« *annoncées.* »

XVI. « Le Préfet , après avoir entendu
« Martin, se détermina à l'envoyer au Minis-
« tre de la police , sous la conduite du lieu-
« tenant de la gendarmerie de Chartres ,
« nommé André. Martin partit en effet
« de Chartres avec le lieutenant André; Il
« logea à Paris avec son gardien à l'hôtel

« de Calais, rue Montmartre. Le lendemain,
« 8 mars, sur les neuf heures du matin, il
« fut conduit devant le Ministre de la po-
« lice : au moment où il entroit dans les
« appartemens du Ministre, l'inconnu se
« trouva à côté de lui, et *lui recommanda*
« *de ne point fléchir, de n'avoir ni inquié-*
« *tude ni crainte, et de dire les choses*
« *telles qu'elles étoient.* Le Ministre, après
« avoir entendu Martin, l'assura qu'il avoit
« fait arrêter et mettre en prison le person-
« nage qui le poursuivoit, et qu'il ne le rever-
« roit plus, qu'il pouvoit s'en aller tranquille.
« Je n'en crois rien, répondit Martin, car
« je viens de le voir à l'instant même. Le
« Ministre lui affirma de nouveau qu'il
« étoit arrêté, et appelant aussitôt un de
« ses employés : Allez voir, lui dit-il, si cet
« homme est en prison. Il y est, répondit
« l'employé. Eh bien ! répliqua Martin, puis-
« qu'il est entre vos mains, faites-le venir,
« je le reconnoîtrai bien. »

XVII. « Au sortir de l'hôtel du Ministre
« de la police, Martin retourna à l'hôtel de
« Calais, toujours escorté du lieutenant de
« gendarmerie André. Trois ou quatre heu-
« res après, l'inconnu parut devant lui, et
« lui dit : *On vous a dit qu'on m'avoit fait*
« *arrêter. Dites à celui qui vous a tenu ce*
« *langage, qu'il n'a aucun pouvoir sur*
« *moi.* »

XVIII. « Le 9 mars, sur les sept heures
« du matin, Martin étant encore dans son lit
« à côté de celui où étoit l'officier de gen-
« darmerie, une nouvelle apparition vint

« frapper ses regards, il en avertit l'officier
« de gendarmerie ; mais celui-ci eut beau
« prêter toute son attention à ce qui pou-
« voit se passer autour de lui, il ne vit et
« n'entendit rien. Dans cette apparition,
« l'inconnu debout au milieu de la cham-
« bre, *annonça à Martin, qu'il auroit ce*
« *jour même la visite d'un docteur qui*
« *viendroit l'interroger ; qu'il devoit être*
« *sans inquiétude, et répondre avec simpli-*
« *cité aux questions qui lui seroient faites.*
« En effet, sur les trois heures de l'après-
« midi, une personne d'un certain âge se
« présenta à l'hôtel, et demanda à parler
« à Martin ; Martin ne l'eut pas plutôt
« aperçu, qu'il lui dit : Vous êtes sûrement
« le docteur dont la visite m'a été annon-
« cée. Comment savez-vous cela, répondit
« le docteur en riant. Je le sais, répliqua
« Martin, parce que le personnage inconnu
« que je vois m'en a prévenu. Le docteur
« lui fit ensuite plusieurs questions, aux-
« quelles Martin répondit d'autant plus fa-
« cilement, qu'elles lui avoient été suggé-
« rées d'avance. »

XIX. « Le 10 mars, sur les huit heures
« du matin, l'inconnu apparut à Martin,
« et lui dit : *L'incrédulité est si grande,*
« *qu'il faut que je vous découvre mon nom.*
« *Je suis l'Archange Raphaël, Ange très*
« *célèbre auprès de Dieu ; j'ai reçu le*
« *pouvoir de frapper la France de toutes*
« *sortes de plaies.* »

XX. « Le 12 mars, l'Ange lui annonça
« *qu'on alloit prendre des informations*

« *dans son pays, pour savoir quelles étoient*
« *les personnes qu'il fréquentoit antérieu-*
« *rement.* Martin se hâta d'écrire à son frère :
« sa lettre est du même jour 12 mai. M. le
« préfet d'Eure et Loir écrivit en effet au
« curé de Gallardon, pour l'inviter de pren-
« dre des renseignemens sur les relations an-
« térieures de Martin. Sa lettre étoit datée
« du 16 mars. L'Ange *prévint encore Martin*
« *que le lieutenant de gendarmerie qui*
« *l'avoit conduit de Chartres à Paris et*
« *qui alloit le conduire de Paris à Charen-*
« *ton, le quitteroit, et que lui demeureroit*
« *à Charenton. Il lui recommanda de nou-*
« *veau d'être tranquille, d'abandonner tout*
« *à la volonté de Dieu, et il l'assura qu'on*
« *ne lui feroit aucun mal.*

XXI. « Ce fut effectivement ce même jour
« 12 mars, que Martin fut conduit de Paris,
« par un officier de gendarmerie, à la mai-
« son royale de Charenton, en vertu d'un
« ordre du Ministre de la police, portant
« que c'étoit *pour y être confié aux soins*
« *du sieur Royer-Collard, médecin en chef*
« *de cette maison, lequel demeuroit char-*
« *gé, de concert avec le sieur Pinel, mé-*
« *decin en chef de la Salpêtrière, de lui*
« *administrer un traitement convenable ;*
« *pour ensuite et ultérieurement être fait*
« *au Ministre, par ces deux médecins, un*
« *rapport commun sur l'état de cet in-*
« *dividu.* »

XXII. Il résulte de ce rapport rédigé sous
la date du 6 mai 1816, et remis au Ministre
de la police, 1.º que Martin est demeuré à

la maison royale de Charenton, destinée au traitement des aliénés, depuis le 13 mars 1816 jusqu'au 3 avril de la même année, jour auquel il a été rendu à la liberté, avec faculté de retourner à son domicile à Gallardon, ce qu'il a fait le même jour : 2.° que Martin a toujours été jouissant *d'une santé excellente, d'une parfaite tranquillité, et absence de tout délire dans ses actions comme dans ses paroles.* Ces deux médecins répètent *qu'il est impossible de jouir d'une meilleure santé, et que cet état s'est soutenu jusqu'à la fin, sans présenter aucune altération : en sorte* (ajoutent-ils) *qu'ils ont dû s'abstenir de lui administrer aucun traitement.*

XXIII. Au reste, pendant les trois semaines que Martin a été retenu dans le séjour des aliénés, quoique jouissant de son très bon sens, les apparitions de l'Ange Raphaël à ses regards n'ont pas discontinué. « Le « 15 mars, entre sept et huit heures du « matin, Martin sortant de son lit et étant « occupé à s'habiller, l'Ange lui apparut « dans sa chambre, et lui dit, que *puisqu'on* « *le traitoit ainsi, il ne reviendroit plus le* « *visiter; qu'au surplus, on n'avoit qu'à* « *faire examiner la chose par un théolo-* « *gien, et qu'on verroit si elle étoit réelle.* « Il ajouta, *que si on demeuroit incrédule,* « *les malheurs arriveroient.* Et il finit *par* « *lui recommander de mettre toujours sa* « *confiance en Dieu, en l'assurant qu'il* « *n'éprouveroit aucune peine.* Après avoir

« prononcé ces paroles , il disparut subite-
« ment sans bruit , suivant son usage. »

XXIV. « Du 16 au 26 mars, Martin n'eut
« aucune vision ; mais ce jour - là même ,
« comme il commençoit une lettre pour son
« frère , le même personnage se présenta à
« à lui de nouveau. Voici comment Martin
« rendit compte de cette apparition à son
« frère, en reprenant sa lettre : *Comme j'ai*
« *commencé à t'écrire , la même apparition*
« *m'est apparue.* Il m'a dit ces choses en
« ces termes : *Je vous avois dit que je ne*
« *reviendrois plus vous voir ; je vous assure*
« *que j'aurois une grande douleur si mes*
« *démarches étoient inutiles ; je vous assure*
« *que le plus terrible fléau est prêt à tom-*
« *ber sur la France, et qu'il est à la porte.*
« *Les peuples voyant arriver ces choses se-*
« *ront saisis de frayeur et d'étonnement. Ce*
« *qui avoit été prédit autrefois est arrivé*
« *comme ces choses avoient été annoncées :*
« *de même la chose arrivera, si on ne pra-*
« *tique pas ce que j'ordonne. La France*
« *n'est plus que dans l'irréligion , l'orgueil,*
« *l'incrédulité , l'impureté , et enfin livrée*
« *à toutes sortes de vices. Si le peuple ne*
« *se prépare pas à la pénitence , ce que j'ai*
« *prédit arrivera.* L'Archange m'a dit *que*
« *je ne puis désirer une meilleure santé ;*
« *que l'on peut me faire visiter par les*
« *docteurs les plus savans, et ils ne pour-*
« *ront me trouver aucune maladie ; que si*
« *je suis retenu , c'est que l'on veut faire*
« *une épreuve sur moi.* Il dit *que c'est une*

« erreur de vouloir m'éprouver après toutes
« les choses qui sont écrites.

« Martin rapporte ensuite , qu'avant de
« le quitter, l'Ange lui adressa ces paroles :
« *Je vous donne la paix , n'ayez aucun*
« *chagrin , ni aucune inquiétude.* Depuis
« ce moment, quoiqu'il eût toujours été fort
« tranquille, Martin sentit en lui, au dedans
« de lui, une paix qu'il n'avoit point encore
« éprouvée jusqu'alors. »

, XXV. « Le lendemain 27 mars , Martin
« craignant qu'on ne lui demandât devant
« tout le monde, en présence même des alié-
« nés de son quartier , s'il avoit eu quelque
« vision, ne parut pas à la visite des méde-
« cins ; l'Ange lui apparut et lui dit : *Mar-*
« *tin , pourquoi n'avez-vous pas été à la*
« *visite du docteur?* Martin lui répondit :
« *J'y vais. Elle est finie ,* répliqua l'Ange ;
« puis il ajouta : *Pourquoi voulez-vous ca-*
« *cher les choses que je vous annonce? Il*
« *ne faut pas avoir de crainte ; il vaut*
« *mieux obéir à Dieu qu'aux hommes. Les*
« *uns disent que vous avez l'imagination*
« *frappée ; d'autres , que vous êtes inspiré*
« *par un ange de ténèbres ; d'autres recon-*
« *noissent en vous l'être par un Ange de*
« *lumière.* Il finit en disant : *Pendant qu'on*
« *a la lumière, qu'on profite de la lumière.*
« Il recommanda encore à Martin *d'être sans*
« *inquiétude.* A la suite de cet entretien ,
« Martin revint à son quartier pour se pré-
« senter à la visite du médecin , mais elle
« étoit terminée. »

XXVI. « Le 31 mars , sur les deux ou

« trois heures après midi, Martin se pro-
« menant tranquillement dans le parc, l'Ange
« lui apparut tout-à-coup, et lui parla ainsi :
« *Il y aura des discours et des discussions*
« *à mon sujet. On dira que je suis un être*
« *phantastique, ou bien l'ange réprouvé.*
« *Pour vous assurer que je suis un être réel,*
« *ne vous contentez pas de me voir et de*
« *m'entendre, approchez - moi et prenez-*
« *moi la main.* Martin aussitôt s'approcha
« de lui, lui prit effectivement la main ; il
« en sentit la sienne serrée réellement comme
« par des mains ordinaires. Immédiatement
« après, l'Ange ouvrit du haut en bas sa
« redingotte blonde qui l'enveloppoit, et
» qu'il avoit toujours tenue entièrement fer-
« mée jusques - là. Dans cet instant même
« les yeux de Martin furent éblouis par une
« lumière aussi brillante que celle du soleil
« quand il est dans son éclat, et il ne put
« distinguer aucune partie de son corps.
« L'Ange referma sa redingotte, et tout cet
« éclat disparut. Il ôta son chapeau qui cou-
« vroit sa tête, ce qu'il n'avoit point fait
« jusqu'à ce jour, et il dit à Martin : *L'Ange*
« *réprouvé ne peut jamais paroître sans mon-*
« *trer sur son front le signe de sa réproba-*
« *tion; examinez le mien, et voyez si vous*
« *y apercevrez quelque chose de semblable.*
« Martin examina son front, et n'y décou-
« vrit rien d'extraordinaire.

« Il y eut encore une circonstance remar-
« quable dans cette apparition. Une des per-
« sonnes de la maison, qui étoit chargée
« de surveiller Martin, lui avoit recom-

« mandé, lorsqu'il verroit l'Ange, de le
» prier, de sa part, de la prendre sous sa
« protection. L'Ange n'attendit pas que Mar-
« tin lui en parlât; il le prévint sur ce point,
« et lui dit : *On vous a chargé de me de-*
« *mander ma protection ; dites à celui qui*
« *vous a donné cette commission , que tous*
« *ceux qui garderont la loi de Dieu, et*
« *qui y croiront d'une foi ferme , seront*
« *sauvés.* »

XXVII. « Cette apparition est la dernière
« que Martin ait eue à Charenton. Suivant le
« rapport de Martin, le personnage qui lui
« apparoissoit, lui parloit toujours avec une
« douceur inexprimable, et par des paro-
« les et d'une manière extrêmement claires.
« Cependant il lui arrivoit quelquefois d'em-
« ployer des expressions dont le sens étoit
« inconnu à Martin ; telles que celles-ci : *la*
« *France est dans un état de délire ;* elle
« sera *en proie* à toutes sortes de malheurs ;
« et il falloit que son curé les lui expliquât.
« Il ne savoit pas plus ce que c'étoit que
« *des docteurs en théologie*, et il fallut le
« lui apprendre. »

XXVIII. « Dans la matinée du 2 avril, un
« employé du ministère de la police arriva
« à Charenton, se présenta au directeur de
« cette maison, et lui remit une lettre du
« Ministre qui l'invitoit de confier Martin
« à cet employé, sans lui donner aucun dé-
« tail sur le but de ce voyage. Cet ordre fut
« exécuté sur-le-champ, et Martin sortit
« avec cet employé ; ni lui ni aucune autre
« personne de la maison ne savoit où il

2

« alloit, ni ce qu'on vouloit faire de lui. Quel-
« ques infirmiers auxquels il avoit inspiré
« de l'intérêt, lui témoignèrent quelque in-
« quiétude sur son sort; mais il leur repondit
« d'une manière à leur persuader qu'il n'é-
« prouvoit aucune crainte. »

XXIX. « Le même jour, sur les sept heures
« du soir, Martin revint à Charenton, avec
« une lettre par laquelle le Ministre de la
« police annonçoit au directeur de la maison
« que cet homme alloit retourner chez lui
« le lendemain; et il invitoit le directeur de
« lui rendre compte de tout ce que Martin
« auroit dit de son voyage de Paris. Con-
« formément à cet ordre, le directeur in-
« terrogea Martin sur ce qui venoit de lui
« arriver, et Martin s'empressa de le lui
« raconter. Le lendemain 3 avril, Martin
« quitta Charenton, et se rendit à Paris muni
« d'une lettre du directeur de la maison
« royale de Charenton pour le Ministre de
« la police. En arrivant à Paris, sa première
« démarche fut d'aller remercier le docteur
« Pinel des soins qu'il lui avoit donnés. Le
« docteur, surpris de le voir entrer chez
« lui, tandis qu'il le croyoit encore à Cha-
« renton, lui demanda ce qui s'étoit passé
« de nouveau depuis sa dernière visite.
« Martin lui fit alors le récit des événemens
« de la veille ; et comme ce récit est abso-
« lument le même que celui qu'il avoit fait
« le mardi soir, 2 avril, au directeur de la
« maison royale de Charenton, on les réunit
« ici en un seul. »

XXX. « Le mardi 2 avril 1816, au sortir

« de Charenton, Martin fut amené à Paris,
« et conduit au Ministre de la police. Pen-
« dant qu'il étoit dans les appartemens du
« Ministre, l'Ange se présenta devant lui,
« *le prévint qu'il alloit paroître devant le*
« *Roi, lui recommanda de n'avoir aucune*
« *crainte ni aucune inquiétude ; il lui an-*
« *nonça que tout ce qu'il auroit à dire au*
« *Roi lui seroit donné à l'instant, et que*
« *les paroles dont il auroit besoin lui ar-*
« *riveroient d'elles - mêmes.* Le Ministre
« s'habilla, monta en voiture, et alla chez
« le Roi. Martin étant monté aussi dans les
« appartemens, fut introduit dans le cabinet
« du Roi, où se trouvoit encore le Ministre
« de la police. Dès que le Roi l'aperçut, il
« lui dit : *Martin, je vous salue;* puis il fit
« retirer le Ministre, ordonna qu'on fermât
« toutes les portes, et resta seul avec lui.
« Alors Martin prit la parole, et dit au
« Roi tout ce que dans ses diverses appari-
« tions l'Ange l'avoit chargé de dire; mais
« il ne s'arrêta pas là. D'une part, il dé-
« couvrit au Roi plusieurs circonstances se-
« crètes qui avoient eu lieu pendant son
« exil, et dont quelques-unes oubliées par
« le Roi lui-même, mais dont ce récit lui
« rappela clairement le souvenir, remon-
« toient à vingt-trois ans. D'une autre part,
« il lui révéla des complots formés contre
« sa personne, et sans lui nommer les chefs,
« il les lui désigna de manière à ne pou-
« voir s'y méprendre. Alors le Roi vivement
« ému, leva les yeux et les mains au Ciel,
« et dit à Martin : *Martin, voilà des choses*

« *qui ne doivent être connues que de vous*
« *et de moi ;* et Martin qui en voyant couler
« les larmes de son Roi ne put retenir les
« siennes, lui promit le silence le plus ab-
« solu. »

XXXI. « Martin a encore dit au Roi (et
« sur ce discours le silence ne lui a pas été
« ordonné) que quelques-uns de ses minis-
« tres ne suivoient pas ses intentions, qu'il
« falloit les surveiller avec soin. Qu'à l'égard
« de l'évasion du coupable dont il lui avoit
« parlé, on n'avoit pas fait les démarches
« nécessaires pour le faire arrêter de nou-
« veau ; qu'il étoit trop bon ; que son ex-
« trême bonté attireroit sur lui de grands
« maux. Il a ajouté qu'il n'avoit pas senti
« assez le miracle de sa première rentrée,
« et que c'étoit en punition de ce manque
« de reconnoissance que nous avions été
« frappés de nouveau. Pendant cet entretien
« qui a duré au moins une demi-heure,
« Martin parloit au Roi avec une facilité
« extraordinaire ; les termes se trouvoient
« dans sa bouche sans qu'il les cherchât ;
« il lui sembloit (dit-il) qu'un autre parlât
« en lui. Il assura que les choses secrettes
« qu'il avoit révélées au Roi lui étoient tout-
« à-fait inconnues avant qu'il entrât dans
« son cabinet, et que ce n'est qu'à cet ins-
« tant même que la connoissance lui en a
« été donnée. Lorsque toutes les choses
« qu'il étoit chargé d'annoncer *ont été épui-*
« *sées ,* cette singulière facilité de parler a
« disparu, Martin n'a plus trouvé d'expres-
« sions, et il a dit au Roi : *Sire , ma com-*

« *mission est remplie, je n'ai plus rien à*
« *vous dire.* En le quittant, le Roi lui a
« pris la main, l'a serrée dans la sienne ; il
« lui a recommandé de bien prier Dieu pour
« lui et pour sa famille. »

XXXII. « Une lettre du 20 avril, du curé
« de Gallardon au directeur de la maison
« royale de Charenton, contient textuelle-
« ment ce qui suit : Martin est arrivé ici
« jeudi 4, à dix heures du matin, aussi tran-
« quille qu'il en est parti ; il s'est reposé
« quelque temps en arrivant, ensuite il est
« allé à son travail. Il continue depuis
« son même train de vie, sans la moindre
« émotion et le moindre étonnement de ce
« qui lui est arrivé ; il garde sur tous ces
« événemens un profond silence ; et comme
« on est fort curieux ici de savoir ce qu'il
« a dit et ce qu'il a fait, il répond sans s'é-
« mouvoir : Quand vous avez des affaires
« vous autres, n'allez-vous pas les faire ? eh
« bien ! j'ai été faire les miennes. »

XXXIII. « Une lettre de Martin lui-même,
« en date du 21 avril, annonce qu'il se
« porte bien, qu'il est parfaitement tran-
« quille, et que depuis son retour il n'a pas
« eu une seule apparition. Il ajoute qu'il lui
« a été dit qu'aussitôt que sa mission seroit
« remplie, il ne lui arriveroit plus rien. Il
« est vrai qu'il fit plusieurs fois cette décla-
« ration pendant son séjour à Charenton. »

XXXIV. Ici se termine dans le rapport
des médecins Pinel et Royer-Collard, du 6
mai 1816, l'exposé des faits intéressans con-
cernant Thomas Martin. Le surplus de ce

rapport consiste, 1.º dans le récit de quelques, détails peu importans pour l'objet que nous nous sommes proposé ; 2.º dans une série de questions faites au curé de Gallardon et au maire de ce lieu, sur le personnel de Martin, sur sa famille, sur ses relations, sur ses habitudes, et les réponses du curé et du maire de Gallardon, adressées à M. l'évêque de Versailles, au préfet d'Eure et Loir, au ministre de la police et au directeur de la maison royale de Charenton, toutes uniformément avantageuses et honorables à la personne de Martin, sur sa fidélité à remplir ses devoirs religieux, civils et politiques ; 3.º dans une longue et savante dissertation sur les causes des aliénations physiques et mentales, dont nous ne nous occuperons pas, les deux docteurs dont il s'agit ayant expressément attesté dans ce même rapport, non-seulement *l'intégrité de la santé de Martin*, mais encore *l'absence de toute altération mentale et physique*. Cependant, par une contradiction entièrement opposée à ces assertions, on remarque une affectation, de la part de ces médecins, d'essayer de répandre du doute sur la parfaite jouissance de Martin de tous ses sens ; car après s'être fait à eux-mêmes cette question : *quelle est donc la nature de cet état* (de Martin) ? ils déclarent aussitôt, *nous nous trouvons arrêtés par des considérations importantes :* réponse vague et insignifiante, qui décèle une intention marquée de dissimuler la vérité sur la confiance qu'on doit prendre dans le récit des faits donné par Martin : dissimulation qui impli-

que encore plus de contradiction avec l'assertion contenue dans leur rapport, *que Martin
n'est point un imposteur*, et néanmoins ces
mêmes médecins concluent leur rapport en
disant, *qu'il seroit téméraire de prononcer
sur l'état de Martin avant l'époque d'une
année.*

XXXV. Cette réserve que font les deux
médecins de ne prononcer définitivement sur
l'état de Martin qu'après une année écoulée,
ne sauroit être considérée que comme un
subterfuge employé pour répandre des nuages
sur la vérité des révélations faites à Martin
par l'Ange Raphaël; et cependant ces nuages
répandus sur la vérité des révélations dont
il s'agit, en entretenant l'insouciance du ministère, celle même de la nation française
sur les conséquences terribles pour le Roi,
pour la famille royale, pour tous les habitans
de la France, de leur insensibilité, de leur
incrédulité à des avertissemens, témoignages
si évidens de la bonté divine pour la France,
de la commisération qu'elle veut bien encore
lui accorder, si elle recourt promptement
à sa miséricorde. Oui, c'est cette insouciance,
cette incrédulité dans laquelle nous nous
sommes déjà trop long-temps entretenus, qui
est une véritable témérité, et dont nous devons nous accuser devant Dieu; car il n'y a
aucune témérité de prononcer dès-à-présent
et d'affirmer que Thomas Martin a eu une
mission divine, pour faire connoître au Roi
Louis XVIII et à la nation française sa volonté toute bienfaisante, toute miséricordieuse sur nous, si nous recourons à lui dans

un véritable esprit de pénitence ; au lieu qu'il y auroit une inconcevable témérité si, bravant les avertissemens du Tout-Puissant terrible dans sa vengeance, nous négligions de profiter de ces avertissemens, si nous différions plus long-temps de rentrer en nous-mêmes, et de faire une pénitence susceptible de désarmer la colère d'un Dieu justement irrité contre nous.

XXXVI. Mais comme ce n'est pas la première fois que Dieu dans sa bonté a daigné manifooter la protection qu'il accorde à l'auguste race qui règne sur nous, et à la nation française, pour la conservation de notre antique monarchie, par des soins non moins miraculeux, et par des moyens qui ont la plus parfaite analogie avec ceux dont sa bonté toute divine veut bien encore nous favoriser aujourd'hui ; consultons l'histoire, et voyons comment en 1429 le roi Charles VII et le royaume de France sur le penchant de leur ruine, qui étoit regardée alors comme inévitable, comment la France fut sauvée, lorsque tout paroissoit désespéré pour le salut du roi et du royaume. Toute la différence dans la comparaison de ces deux époques désastreuses de 1429 et de 1816, c'est qu'en 1429 la capitale du royaume et plusieurs grandes provinces étoient envahies par l'étranger qui y avoit des forces bien supérieures à celles du roi pour s'y maintenir ; mais du moins les Français d'alors, dans une assez grande partie de la France, étoient fidelles à Charles VII, qui combattoit à leur tête au cœur de la France l'armée étrangère : au lieu

qu'aujourd'hui des milliers de Français fédérés et une armée française toute entière en
défection, déclarés pour un aventurier corse,
ont obligé le Roi Louis XVIII de sortir de
son royaume, où il n'est rentré que par la
protection des armées étrangères, dont le
séjour est devenu indispensable en France
pour qu'il puisse y demeurer en sûreté. La
preuve de cette triste vérité n'est que trop
manifeste, puisque, malgré la démonstra-
tion d'une force aussi imposante pour con-
tenir les factieux, les tribunaux retentissent
encore en 1816 des condamnations pronon-
cées contre ces fédérés, contre ces militaires
en défection, et néanmoins soldés, qui man-
quant de moyens de force pour réaliser leurs
conspirations contre le Roi, ont l'audace
d'appeler à grands cris leur chef rebelle,
enfermé à deux mille lieues d'eux, et gardé
par les Anglais dans un fort au milieu de
la mer. Quelle monstrueuse dépravation chez
des êtres portant avec une figure humaine
des inclinations aussi abjectes, et des cœurs
aussi corrompus!

XXXVII. Revenant présentement aux révélations faites par l'Ange Raphaël à Thomas
Martin en 1816, nous disons que ces révélations rappellent celles faites à la célèbre
Jeanne d'Arc en 1429, pour le salut du roi
et du royaume de France. Nous allons présenter ce rapprochement.

XXXVIII. L'histoire nous apprend (1)

_____

(1) Voy. l'histoire ecclés. de Fleuri, tom. 21,
pag. 609 et suiv., an 1429.

qu'en 1429, « la ville d'Orléans étoit assiégée par les Anglais avec beaucoup de vigueur, et quoique les assiégés ne se défendissent pas moins vigoureusement, cependant il ne paroissoit pas que le Roi Charles VII pût jamais vaincre des ennemis aussi puissans que les Anglais, ni faire rentrer la plupart de ses sujets dans l'obéissance qu'ils lui devoient, si la Providence ne l'eût rendu victorieux d'une manière qui tient entièrement du miracle. »

XXXIX. « Dieu voulut se servir d'une simple bergère pour sauver le royaume de France, et en chasser les Anglais. Elle se nommoit Jeanne d'Arcq, fille de Jacques d'Arcq, paysan du village de Domremi, sur la Meuse, près de Vaucouleurs, et d'Isabollo Gauthier. C'étoient de bonnes gens qui avoient eu soin d'élever leur fille dans la piété, et de lui inspirer un grand amour de la vertu. Comme elle jeûnoit tous les vendredis, et qu'elle avoit beaucoup de dévotion à la Sainte Vierge, sans rien omettre de ce qu'elle devoit à Dieu ; elle fut sollicitée par de fréquentes apparitions de Saint Michel, Ange tutélaire de la France, qui sembloit lui commander de prendre les armes pour aller faire lever le siége d'Orléans, que faisoient les Anglais déjà depuis six mois, et ensuite d'aller faire sacrer à Rheim le Roi Charles VII, dont les Etats avoien été usurpés ; car ses révélations ne portèrent jamais que sur ces deux points. »

XL. « Jeanne d'Arcq négligea d'abord ces apparitions ; mais comme elles furent

réitérées trois ou quatre nuits de suite, elle
en donna connoissance à son père et à sa
mère, qui la menèrent au gouverneur de
Vaucouleurs. Celui-ci fit d'abord très peu de
cas des assurances que lui donna cette jeune
bergère, du choix que Dieu daignoit faire
d'elle pour chasser les Anglais du royaume
de France; cependant quand il l'eut entendu
parler sur la religion, et raisonner même
sur la guerre en personne sensée et beaucoup plus instruite qu'il n'appartenoit à une
personne de son état; et sur-tout quand elle lui
eut apprit qu'à l'heure qu'elle lui parloit, les
Français étoient battus devant Orléans, l'assurant qu'il leur arriveroit encore pis, s'il
ne l'envoyoit trouver le Roi (ce qui se trouva
très vrai quant au combat que l'on apprit
huit ou dix jours après qui avoit eu lieu
près Rouvray dans l'attaque d'un convoi
de harengs que les Anglais faisoient conduire à leur camp, parce que c'étoit en
carême, et dans lequel les Français avoient
été réellement défaits ce jour-là); le gouverneur qui se nommoit Baudricour, commença à traiter cette fille avec respect, la
regardant véritablement envoyée de Dieu,
et en conséquence il lui donna des chevaux
et des armes, la fit accompagner par ses
deux frères et deux gentilshommes, qui la
conduisirent auprès du Roi. »

XLI. « Charles VII étoit alors à Chinon si mal dans ses affaires, que désespérant
de secourir Orléans, il pensoit à se retirer
en Provence ou en Dauphiné, lorsqu'on lui
annonça l'arrivée de Jeanne d'Arcq. Il la

fit entrer dans sa chambre, où il étoit av
plusieurs seigneurs de sa cour. Elle le sal
d'abord avec un air plein de modestie et
respect; et comme elle s'adressoit à lui,
lui dit, pour l'éprouver : ce n'est pas mo
c'est le Roi que voilà (en lui montrant
des jeunes seigneurs de sa cour), qu'il fa
saluer. Mais Jeanne d'Arcq l'assura que quo
qu'elle ne l'eût jamais vu, elle le connoisso
bien, et elle lui parla avec tant d'esprit, d'a
surance et de grâce, que toute sa cour cr
voir en elle quelque chose de *céleste. Ell
promit hautement de secourir la ville d'O
léans, et de conduire le Roi à Rheims pou
l'y faire sacrer; et pour que le Roi prît un
plus grande confiance en ses paroles, ell
lui dit des choses qui lui étoient arrivées, e
qu'il n'avoit jamais confiées à personne
Vous souvient-il, Sire, lui dit-elle, que l
jour de la Toussaint dernière, avant de com
munier, vous demandâtes à Dieu deux grâ
ces : l'une de vous ôter le désir et le courag
de faire la guerre, si vous n'étiez pas le
légitime héritier du royaume ; l'autre de
faire tomber toute sa colère sur vous, plutôt que sur votre peuple. »

XLII. « Le Roi fut très surpris de cette
révélation, et convaincu dès-lors de la vérité de la mission de cette fille, et qu'il y
avoit en elle quelque chose de divin, il voulut aussi en convaincre les autres ; et pour
cette fin, il voulut qu'elle fût examinée en
son conseil par des docteurs en théologie,
et par son parlement qui étoit établi à Poi-
tiers, et tous conclurent, après l'avoir in-

terrogée et entendue, qu'elle étoit envoyée
de Dieu, et qu'il falloit lui confier le secours de la ville d'Orléans. Le maréchal de
Rieux et le bâtard d'Orléans, plus connu
sous le nom de comte de Dunois, marchè-
rent après elle à la tête de quelques troupes, et prirent le chemin d'Orléans. Elle
refusa l'épée que le Roi vouloit lui donner,
et elle dit qu'il y en avoit une dans l'église
Sainte Catherine de Fierbois en Touraine,
sur laquelle il y avoit cinq croix gravées
avec trois fleurs de lis d'or, et avec laquelle
elle promettoit de battre les Anglais ; elle
lui fut apportée, et quoique cette épée fût
très pesante, elle la manioit comme une
épée ordinaire. C'est l'épée (dit l'historien)
qu'on voit encore dans le trésor des Béné-
dictins de l'abbaye de Saint Denis. »

XLIII. « Le rendez-vous des troupes
qu'on pouvoit rassembler, étoit à Blois ;
elle s'y achemina, et écrivit au duc de Bedfort et aux généraux anglais, d'avoir à se
retirer de devant Orléans ; autrement elle
les y contraindroit par la force, et qu'elle
leur feroit une guerre cruelle. Cette menace
ne les intimida pas beaucoup, et ils conti-
nuèrent le siège. Jeanne d'Arcq arrivée à
Blois, fit assembler une assez grande quan-
tité de vivres. Les troupes qui s'y trouvoient,
montoient à sept mille hommes ; mais auparavant de marcher sur Orléans, elle fit
assembler les généraux, et elle leur dit qu'il
falloit se confesser et recevoir la Sainte
Eucharistie, pour attirer les bénédictions
du Ciel, et elle leur donna l'exemple. Elle

les obligea aussi de chasser les femmes de mauvaise vie qui suivoient les camps. Arrivée devant Orléans, elle commença par y faire entrer des vivres, et elle y entra elle-même avec le comte de Dunois. Les assiégés la croyant, comme elle l'étoit réellement, suscitée du Ciel pour les secourir, prirent courage, et firent plusieurs sorties, dans lesquelles ils se rendirent maîtres de plusieurs forts que les Anglais avoient construits autour de la ville. »

XLIV. « Jeanne d'Arcq reçut à une de ces attaques un coup de flèche, qui lui perça l'épaule, et qui lui fit perdre beaucoup de sang. Le comte de Dunois voulant la faire retirer : *Non* (dit-elle), *il m'en coûtera un peu de sang, mais ils n'échapperont pas à la main de Dieu*, et marchant toujours en avant, elle monta sur les retranchemens des ennemis, et y planta elle-même son étendard ; alors les Français jetèrent de grands cris de joie, forcèrent tous les postes, et firent main-basse sur les Anglais, qui, le lendemain levèrent le siège, et abandonnèrent tous les autres forts qui tenoient encore. La pucelle contente d'avoir délivré la ville d'Orléans, ne poursuivit pas plus loin l'ennemi, et se rendit auprès du Roi à Chinon. Elle ne tarda pas cependant à reparoître à la tête des Français, qui la regardoient comme une héroïne, avec laquelle ils étoient assurés de la victoire. Les Anglais au contraire fuyoient, n'osoient tenir devant elle, et furent bientôt délogés de toutes les places de ce pays-là. »

XLV. « Il s'agissoit, pour Jeanne d'Arcq, de remplir le second objet de sa mission, de mener le Roi à Rheims pour y être sacré, quoique cette ville et toute la Champagne fussent au pouvoir des ennemis. Mais malgré la confiance qu'on avoit dans la Pucelle, le conseil du Roi trouva sa proposition de conduire le Roi à Rheims très hasardeuse. Les Anglais avoient de fortes garnisons non-seulement à Rheims, mais à Troyes, à Châlons, et dans toutes les villes par lesquelles le Roi devoit passer, et ils avoient aussi de fortes armées en campagne; malgré tous ces obstacles, la jeune bergère, âgée au plus de vingt ans, promettoit au Roi de le conduire en toute sûreté à Rheims, et de l'y faire sacrer; et l'assurance avec laquelle elle répondoit du succès, finit par rassurer les plus timides. Tous crurent que le Ciel se déclaroit par sa bouche en faveur de Charles VII, et marchant contre les Anglais, ils remportèrent la victoire à Patai, qui devoit leur ouvrir le chemin de la ville de Rheims; ils prirent aussi d'assaut Gergeau et Beaugenci. La Pucelle fit dans ces différens combats des prodiges de valeur. Le connétable de Richemont, prince du sang de France de la maison de Bretagne, le duc d'Alençon, le comte de Dunois, s'y signalèrent aussi, et furent bien secondés par Beaumanoir, La Hire et Pothon de Xaintrailles. Talbot qui commandoit l'armée anglaise, fut fait prisonnier, et ils commencèrent à reconnoître que le Dieu des armées se déclaroit contre eux. »

XLVI. « Le nom de la Pucelle d'Orléans vola bientôt par-tout. La renommée
la devançoit. La ville de Troies lui ouvrit
ses portes, et les habitans de Rheims ayant
chassé la garnison anglaise, envoyèrent au
Roi les clefs de leur ville, ensorte qu'il y
fut sacré par l'archevêque le 11 juillet 1429.
Le duc d'Alençon, le comte de Clermont
et les seigneurs de la Tremouille, de Mailli
et de Beaumanoir représentèrent les pairs laïcs
qui étoient absens. La Pucelle, revêtue de
son armure, fut présenté à la cérémonie,
tenant son étendard à la main. »

XLVII. « Le Roi demeura trois jours à
Rheims, après le sacre. Il en partit pour se
rendre à l'abbaye de St. Marcoul, où les Rois
ont coutume d'aller après leur couronne-
ment. Les villes de Laon, de Châlons, de
Soissons, de Château-Thierri, Provins, Cou-
lommiers, Creci-en-Brie, et beaucoup d'autres places, se soumirent; Beauvais, Com-
piègne, Crépi et toutes les autres villes jusqu'à Paris, où étoit le duc de Bedfort, avec
une forte armée, rentrèrent sous l'obéissance
du Roi. Alors la Pucelle vint se jeter aux
genoux du Roi, et lui dit : que le siége
d'Orléans étoit levé, qu'il venoit d'être sacré dans la ville de Rheims, que l'ordre de
Dieu étoit exécuté, et sa commission ache-
vée, et qu'elle n'avoit plus rien à faire que
de se retirer. Mais le Roi la pressa si fort
de rester auprès de lui, qu'elle continua de
le suivre à la guerre. Alors ce fut presque
sans aucun succès pour ses armes, qui furent toutes malheureuses, sans doute parce

que la Pucelle n'agissoit plus par l'ordre du
Ciel, et elle fut blessée grièvement à la
jambe dans un assaut donné à la ville de
Paris du côté de la porte Saint-Denis. »
(Hist. eccl. tom. 21. p. 609 et suiv.)

XLVIII. Nous avons dit, avant de
donner le récit consigné dans l'histoire, des
révélations faites à Jeanne d'Arcq par l'Archange Saint Michel, d'où s'ensuivit le salut
du Roi Charles VII, et son rétablissement
sur le trône de France en 1429 ; nous avons
dit comme une chose digne de remarque,
que les circonstances de ce mémorable événement ont une grande analogie avec celles
qui ont accompagné les révélations faites à
Thomas Martin, en 1816, et voici principalement en quoi ces révélations offrent entre elles une remarquable conformité.

1.º On ne peut pas disconvenir qu'en 1816
la France ne se trouve dans une situation
aussi pénible, aussi critique, si ce n'est même plus malheureuse qu'elle ne l'étoit en
1429. En 1429, le royaume de France, par
une suite des troubles et des factions qui
avoient désolé le royaume pendant la longue maladie du Roi Charles VI, étoit presque entièrement occupé, notamment la ville
de Paris, par les armées anglaises. Aux termes d'un traité fait par Charles VI avec
Henri V, Roi d'Angleterre, la France devoit passer sous la domination du Roi d'Angleterre à la mort de Charles VI. Lorsque
ce prince mourut en 1422, le duc de Bedfort, tuteur du Roi d'Angleterre Henri VI,
fils mineur de Henri V, exerça en France,

en sa qualité de tuteur de ce jeune prince,
tous les droits de la souveraineté. Charles VII
dépouillé par son père du droit héréditaire
qu'il avoit à cette couronne, étoit bien éloigné
de se trouver en état de faire valoir par la force
ses droits incontestables au royaume de France. On a vu le peu d'espoir qu'il avoit d'y parvenir en 1429, lorsque les prodiges qui furent
la suite de la confiance du Roi et de l'armée
royale dans les révélations faites par l'Archange Saint Michel à Jeanne d'Arcq, eurent mis ce prince en état de rentrer en pos-
session d'un grand nombre de villes de son
royaume, et de se faire sacrer à Rheims.

Louis XVIII, aujourd'hui régnant, rentré
en France en 1814, par l'effet des forces des
Puissances de l'Europe coalisées contre les
Français révoltés depuis vingt-cinq ans contre leur légitime Souverain ; obligé de res-
sortir de son royaume en 1815, par l'entière
défection de son armée ; rétabli de nouveau sur
son trône, par le même secours des Puissances étrangères qui l'y avoient ramené l'année
précédente ; obligé indispensablement de sol-
der des armées étrangères pour pouvoir s'y
maintenir, se trouvoit par conséquent aussi
dans les circonstances les plus pénibles, lorsqu'il a plu à Dieu de révéler à Thomas
Martin, laboureur au village de Gallardon,
par le ministère de l'Ange Raphaël, les faits
les plus importans au salut du Roi, au salut
de la Famille royale, et en général de tous
les habitans de la France. On les a extraits
du rapport authentique dans lequel ils sont
consignés, et on ne croit pas qu'un homme

sage aux yeux de Dieu et des hommes, puisse nier que les avertissemens donnés par l'Ange Raphaël à Martin, ne méritent d'être pris dans une aussi sérieuse considération que les révélations faites par Jeanne d'Arcq au Roi Charles VII, en 1429.

2.º Un autre point de conformité qui se rencontre entre les révélations faites à Jeanne d'Arcq, en 1429, et celles faites à Thomas Martin, en 1816; c'est que celles de 1429 ont été faites à une simple bergère, élevée dans la piété par ses père et mère, et que celles de 1816 ont été faites à un simple laboureur, qui a toujours rempli exactement ses devoirs de religion; tous deux nés et vivant dans un état obscur, n'ayant par conséquent aucune prétention à la considération qu'on n'accorde dans le monde qu'à ceux qui sont compris dans les classes plus relevées. Nous aurons occasion de faire voir dans la suite combien les premiers ont toujours été plus privilégiés auprès de Dieu que ceux qui ont joui en cette vie des honneurs du monde.

3.º Une troisième conformité qui se rencontre entre les révélations faites à Jeanne d'Arcq, en 1429, et celles faites à Thomas Martin, en 1816, c'est que lorsque l'on a tenté de les surprendre l'un et l'autre, comme étant suspects de fourberie, ils ont à l'instant vu le piége qu'on vouloit leur tendre, et qu'ils l'ont repoussé avec une assurance qui est devenue une nouvelle preuve de la divinité de leur mission. En effet, quand le Roi Charles VII, pour éprouver la vérité de celle de Jeanne d'Arcq, essaya

de lui faire croire que c'étoit un des seigneurs de sa Cour qui étoit le Roi, et qu'elle
devoit le saluer, elle n'hésita pas de lui répondre que quoiqu'elle ne l'eût jamais vu, elle
ne se méprenoit pas. De même, quand le Ministre de la police assura Martin qu'il avoit fait
arrêter le personnage qui le poursuivoit de ses
apparitions, qu'il étoit en prison, et qu'il ne
le reverroit plus ; Martin lui répondit sur-
le-champ : *Je n'en crois rien, car je viens
de le voir dans l'instant*, et le Ministre
ayant appelé un de ses employés, qui affirma de même que le Ministre que le personnage en question étoit réellement en prison, Martin les mit l'un et l'autre au défi,
en disant : *Eh bien! puisque vous dites
qu'il est entre vos mains, faites-le venir,
je le reconnoîtrai bien;* mais sans donner
aucune réponse à un argument qui étoit
sans réplique, pour toute satisfaction sur
le fait sur lequel Martin et lui étoient en
contradiction, le Ministre expédia l'ordre
de le conduire à la maison destinée au traitement des aliénés, à Charenton, pour lui
faire subir le traitement convenable.

4.º Un autre point de conformité non
moins concluant que les précédens, pour
attester dans la personne de Martin, comme
il attesta dans celle de Jeanne d'Arcq, l'évidence d'une mission divine, ce sont les révélations des choses secrètes, faites par Martin au Roi Louis XVIII, comme Jeanne
d'Arcq avoit fait au Roi Charles VII la révélation de choses également secrètes, ce
qui opéra vis-à-vis de ce monarque la con-

viction de la mission divine de cette bergère ;
caractère qu'il est également impossible de
méconnoître dans la mission de Martin.

XLIX. Admirons la marche toute bienfaisante et toujours uniforme de la Providence dans les calamités par lesquelles, en
éprouvant les Français, elle veut encore leur
ouvrir les moyens de recourir à sa clémence.
Elle emploie les prodiges pour les y exciter.
Nous avons vu comment les Français fidelles
au Roi Charles VII, furent touchés de reconnoissance, et s'empressèrent de profiter
des visions, des apparitions miraculeuses
dont Jeanne d'Arcq avoit été gratifiée d'en
haut, pour leur procurer leur salut. Nous
avons vu quelle fut leur confiance et leur foi
dans le secours que Dieu leur fit annoncer
alors par une simple bergère, et que leur
foi fut couronnée d'un succès aussi éclatant
qu'inespéré, mais qui ne pouvoit leur manquer, puisqu'il leur étoit promis comme la
récompense de leur foi, qui attestoit leur religion.

L. Comment se fait-il que les Français de
1816, avertis par des signes non moins exprès de la volonté de Dieu, menacés de sa
part des châtimens les plus effrayans, s'ils
osoient méconnoître ses ordres, s'ils demeu-
roient dans leur irréligion et dans leur incrédulité ; comment se fait-il qu'ils affectent
de repousser cette grâce de rémission, cette
grâce dernière, mais limitée à un temps très
court, s'ils veulent en profiter sans différer,
pour désarmer la colère céleste prête à les
foudroyer ? Et d'où peut nous venir en 1816

cette téméraire insouciance sur les fléaux *qui sont à la porte*, si ce n'est que les Français de 1429 avoient en eux la foi que nous n'avons plus ?

LI. Aujourd'hui que le scepticisme, né de la philosophie moderne, a infecté plus ou moins même les bons esprits, aujourd'hui que le scepticisme n'a pas craint d'élever des doutes, même sur les dogmes fondamentaux de la Religion révélée de Jésus-Christ, il devient indispensable d'appuyer sur des autorités faites pour réduire l'incrédulité au silence, les raisonnemens qu'on peut proposer sur l'événement majeur qui fait l'objet de cet écrit.

LII. Posons d'abord les principes, et dans un siècle où tout est devenu problématique, établissons premièrement l'existence des Anges. Nous montrerons ensuite que les Anges, dès le commencement du monde et dans tous les temps, ont été employés comme Ministres de Dieu, à faire connoître sa volonté aux hommes. Enfin, nous examinerons quelles sont les règles et les signes par lesquels on peut s'assurer de la réalité des visions et des révélations divines faites aux hommes.

LIII. « On ne conteste plus aujourd'hui, dit Dom Calmet (1), la spiritualité des Anges, mais les anciens ont été fort partagés sur cette question. Et ceux qui les tenoient corporels, tiroient avantage de la manière dont l'Ecriture en parle presque partout. Elle les re-

_____

(1) Dom Calmet, dissertation en son Commentaire sur les Evangiles.

présente comme corporels, comme sensibles, comme lumineux, semblables au feu, au vent, à l'air. L'Ange qui apparut à Abraham, à Moyse, à Josué et à plusieurs autres, se manifesta sous la figure d'un homme ; il parla, il marcha, il mangea, il se laissa laver les pieds. Un autre paroît à Moyse sous la forme de feu dans le buisson (1). Celui qui fut placé à l'entrée du Paradis terrestre, étoit d'une figure très composée, et tenoit en main un glaive de feu (2). Celui qui conduisoit les Israélites dans le Désert, paroissoit comme une nuée lumineuse pendant la nuit, et sombre pendant tout le jour (3). Celui qui apparut à Josué, étoit armé comme un guerrier (4). Ézéchiel nous dépeint les Chérubins qui supportoient le trône du Seigneur, comme des animaux composés de la figure d'homme, d'aigle, de bœuf et de lion (5). Isaïe donne à ceux qu'il vit, une forme humaine, mais avec des ailes (6). Celui qui apparut à Daniel, avoit le visage éclatant de lumière, les yeux brillans comme un éclair, et tout le corps transparent comme la chrysolite (7). Zacharie en vit sous la forme de chevaux et sous celle d'une femme (8). Toutes ces représentations donnent naturellement

(1) Exod. , c. 3 , v. 2.
(2) Genes. , c. 3 , v. 24.
(3) Exod. , c. 54 , v. 19.
(4) Josue , c. 5 , v. 13.
(5) Ezech. c. 1 , v. 5 , 6 , 7.
(6) Isai. c. 6 , v. 1 , 2.
(7) Dan. c. 10, v. 11.
(8) Zachar. , c. 5 , v. 19 ; c. 6 , v. 2 , 3 et seq.

l'idée d'une chose corporelle. Cependant les Pères des premiers siècles ne laissent pas de leur donner le nom d'esprits ; mais, sous ce nom, ils entendent le corps le plus fin et le plus·subtil que l'on puisse comprendre, comme dans nos corps on appelle esprits animaux, cette partie imperceptible du sang, spiritualisé dans le cerveau, qui sert à faire dans nous-mêmes le mouvement des nerfs et des muscles. »

- LIV. « Du temps de Notre Seigneur, les Apôtres ne doutoient point que les Anges et les démons n'eussent des corps, mais des corps subtils et aëriens. Jésus-Christ, après sa résurrection, voyant qu'ils avoient quelques doutes sur sa présence, et qu'ils craignoient que ce ne fut un esprit, leur dit : *Venez et touchez, un esprit n'a ni chair ni os* (1). Lorsque Jésus-Christ parut sur la mer de Tibériade, marchant sur les eaux, ils le prirent d'abord pour un phantôme (2) ; et quand Saint Pierre, délivré de prison, vint la nuit frapper à la porte de la maison où étoient les Apôtres, ils dirent que ce n'étoit pas lui, mais son esprit (3). »

- LV. « Aujourd'hui (continue Dom Calmet), les Juifs les plus éclairés, croient comme nous, que les Anges sont des substances purement spirituelles et entièrement dégagées de la matière; et que les expressions de l'Écriture qui leur donnent des corps, sont

(1) Luc. c. 24, v. 39.
(2) Math., c. 14, v. 2, 6.
(3) Act., c. 12, v. 16.

toutes symboliques. Par exemple : que les
ailes dont on les revêt, marquent leur acti-
vité ; la figure d'homme, leur intelligence.
L'Écriture s'est proportionnée à notre manière de concevoir, lorsqu'elle a dépeint les
Anges comme revêtus de corps. Elle en use
de même en parlant de Dieu, et toutefois
quel est l'homme de bon sens qui oseroit
dire que Dieu est corporel. Tout de même
quand elle dit que les Anges passent d'un
lieu dans un autre, tantôt dans le Ciel, tantôt sur la terre, elle veut seulement mar-
quer qu'ils exercent leurs opérations, et donnent des marques de leur présence dans ces
différens endroits; mais non pas qu'ils y
soient renfermés comme un corps l'est dans
le lieu qu'il occupe. »

LVI. Saint Augustin, dans son épître 25.ᵉ
à Paulin, examine si les Anges ont des corps
qui soient propres à remplir les différens offices et messages auxquels ils sont employés
pour l'exécution des ordres de Dieu, ou si
ce sont seulement des esprits. « Si nous disons (répond Saint Augustin), que ce sont
des corps, on nous opposera aussitôt ce texte
de l'Écriture (psalm. 103, ℣ 4), *qui facit
Angelos suos spiritus*. Si nous disons qu'ils
n'ont point de corps, il se présente contre
cette opinion des difficultés non moins con-
sidérables, et on nous demandera, comment
il se fait ainsi qu'il est écrit, qu'ils se soient
offerts et rendus visibles aux sens corporels
des hommes (Genèse c. 18, ℣ 2 ; c. 19, ℣ 1 ;
c. 46, ℣ 27), s'ils n'avoient pas eux-mêmes
des corps, qu'on leur eût donné l'hospita-

lité, qu'on leur eût lavé les pieds, qu'ils aient bu et mangé les alimens qui leur ont été présentés. Il est donc facile de reconnoître (ainsi conclut Saint Augustin), que les Anges sont dits des esprits, comme on dit des hommes que ce sont des ames. »

LVII. Dom Calmet, après avoir exposé, comme nous l'avons vu, l'existence et la nature des Anges, entre ensuite dans l'examen du ministère qu'ils exercent auprès du trône de Dieu. « On a donné (dit-il), aux Anges, des fonctions honorables et proportionnées au degré de gloire dont ils jouissent auprès de Dieu ; la foi nous apprend que chacun de nous a son Ange gardien, et ce sentiment s'est toujours maintenu dans l'Eglise comme article de foi. »

LVIII. « Le nom d'*Ange* ou *Angelus*, marque une des principales fonctions des Esprits bienheureux. Ce terme signifie *envoyé*, *ambassadeur*, *messager*, et il répond exactement à la signification de l'hébreu *valach*. Saint Paul les appelle quelquefois *des Esprits employés au service du Seigneur* (1). Dieu les envoie annoncer la naissance des grands-hommes, comme celle d'Isaac, de Samson, de Jean-Baptiste, et de Jésus-Christ, Dieu et homme. Ils sont députés pour conduire et protéger les amis de Dieu. Ainsi l'ange Raphaël fut envoyé à Tobie. Dieu les envoie aussi exercer sa justice contre les méchans, comme furent ceux envoyés à Sodome, et l'Ange exterminateur qui mit à mort tous

____

(1) Heb. c. 1, v. 14.

les premiers nés d'Egypte, et l'Ange qui détruisit l'armée de Sennacherib, roi d'Assyrie. Enfin Dieu les envoie pour annoncer ses volontés aux Prophètes et aux serviteurs de Dieu, comme ceux qui furent envoyés à Abraham, à Agar, à Daniel, à Zacharie, etc. » (Ici finit l'extrait de la dissertation de Dom Calmet).

LIX. Le ministère qu'ont exercé les Anges auprès des hommes pour l'exécution des ordres de Dieu, est attesté par des textes nombreux de l'Ecriture sainte. Les apparitions des Anges aux Patriarches et à plusieurs autres justes, y sont rapportées avec des circonstances qui nous les représentent comme exécuteurs de missions divines. Entre ces apparitions, on remarque celle de l'ange Gabriël à Agar, chargé de la consoler dans sa fuite lors de son expulsion de la maison d'Abraham par Sara sa maîtresse (1) ; l'apparition de trois Anges, comme voyageurs, à Abraham, qui les reçut chez lui, et qui lui annoncèrent, ainsi qu'à Sara son épouse, qu'elle concevroit un fils (2) ; l'apparition de deux Anges à Loth, neveu d'Abraham, qui le forcèrent de sortir de la ville de Sodome, lui et ses filles, parce qu'elle alloit être embrasée, comme elle le fut effectivement par le feu du ciel aussitôt après leur évasion (3) ; l'apparition de l'Ange qui retint le bras d'Abraham prêt à immoler son fils Isaac (4) ; l'ap-

_____

(1) Genes. c. 16, v. 7.
(2) Genes. c. 18, v. 1 et seq.
(3) Genes. c. 19, v. 3 et seq.
(4) Genes. c. 22, v. 13.

parition des Anges à Jacob, qui allèrent au-
devant de lui dans le chemin par lequel il re-
tournoit de chez Laban son beau-père, dans
sa patrie (1) ; l'apparition d'un Ange au prophète Balaam, dans un chemin que l'Ange
l'empêcha de suivre (2) ; l'apparition d'un
Ange à Josué près de la ville de Jéricho (3) ;
l'apparition d'un Ange aux Hébreux dans la
terre de Chanaan, et auxquels l'Ange re-
procha leur désobéissance aux ordres de
Dieu (4) ; l'apparition d'un Ange à Gédéon,
dans laquelle l'Ange fortifia son courage à
l'approche des combats qu'il alloit livrer aux
Amorrhéens commandés par Madian (5) ; l'apparition d'un Ange à un homme de la tribu
de Dan, nommé Manué, dont la femme
étoit stérile, et à qui il annonça qu'elle concevroit un fils, qui fut Samson (6) ; l'apparition d'un Ange au prophète Élie fuyant
la colère de la reine Jezabel, à qui il pro-
cura un pain pour l'empêcher de défaillir
dans le chemin (7) ; l'apparition de l'ange
Raphaël à la fille de Raguel, épouse du fils
de Tobie, qu'il consola dans leur affliction,
le Seigneur ayant eu égard à leurs prières mu-
tuelles très ferventes (8) ; l'apparition et la
protection de l'ange Raphaël, continuée au

---

(1) Genes. c. 32, v. 12.
(2) Num. c. 22, v. 22.
(3) Josue, c. 5, v. 13.
(4) Judic. c. 2, v. 1 et seq.
(5) Judic. c. 6, v. 11 et seq.
(6) Judic. c. 13, v. 2 et seq.
(7) I. Reg. c. 19, v. 5, 7.
(8) Tob. c. 3, v. 15.

fils de Tobie, que l'ange accompagna sans le quitter dans un long voyage (1), et qui finit à son retour de ce voyage dans la maison de Tobie, par se faire connoître à toute cette famille sous son nom d'*ange Raphaël, l'un des sept qui se tiennent en la présence du Seigneur* (2).

LX. Cette apparition et les entretiens de l'ange, sont surtout remarquables par le rapport de la conduite de ce saint ange, lorsqu'il étoit avec le fils de Tobie, l'an du monde 3299, avec la conduite du même ange dans ses apparitions à Thomas Martin, l'an de Notre Seigneur 1816.

En effet, l'ange Raphaël faisoit à Martin, en l'an 1816 de l'Ere chrétienne, des leçons dans le même sens de celles qu'il adressoit au fils de Tobie, l'an du monde 3299. Il disoit à Martin, le 30 janvier 1816 : *Il ne faut pas prendre d'orgueil de ce que vous avez vu et entendu. Pratiquez la vertu, assistez à tous les offices qui se font dans votre paroisse les dimanches et les jours de fêtes : évitez les cabarets et les mauvaises compagnies.* Le 12 mars, il lui dit : *Abandonnez tout à la volonté de Dieu.* Le 15 mars, il lui recommanda *de mettre sa confiance en Dieu.* Le 20 mars, il lui dit : *Il vaut mieux obéir à Dieu qu'aux hommes ; qu'il devoit dire les choses telles qu'elles lui avoient été annoncées.* Le 31 mars, l'ange Raphaël dit à Martin : *Tous ceux qui garderont la loi de*

(1) Tob. c. 5 et seq.
(2) Tob. c. 12 , v. 15 et seq.

Dieu, et qui y croiront d'une foi ferme, seront sauvés.

On a vu comment Martin déclare que le personnage qui lui apparoissoit, lui parloit toujours *avec une douceur inexprimable.* Peut-on, en effet, ne pas admirer la douceur de ces paroles de l'ange, quand il dit à Martin, le 26 mars : *Je vous donne la paix! Paix,* suivant Martin, bien supérieure au calme et à la tranquillité dont il assure néanmoins qu'il jouissoit auparavant. Peut-on se lasser d'admirer l'extrême bonté, la douceur de l'ange qui, après avoir annoncé les fléaux dont la nation française sera frappée infailliblement si elle diffère, si elle néglige de faire pénitence, emploie ces paroles pleines d'affection : *Je vous assure que j'aurois une grande douleur, si mes démarches étoient inutiles ?*

Voyons présentement quelles leçons le même ange Raphaël faisoit, en l'an 3299 du monde, au fils de Tobie, qu'il avoit accompagné dans son voyage, lorsqu'il rentra avec lui dans la maison de son père. *Bénissez* (leur dit-il), *le Dieu du Ciel, et confessez son saint nom hautement, parce qu'il a usé de miséricorde envers vous......... Il est toujours honorable de publier les bienfaits de Dieu........ Ceux qui s'abandonnent au péché, ceux qui commettent l'iniquité, sont ennemis de leur ame. Je vous enseigne la vérité, je ne vous parle pas un langage obscur........ Quand vous avez prié Dieu avec larmes, j'ai offert votre prière au Seigneur, vous êtes agréable à ses yeux ; il a été nécessaire que vous fussiez éprouvé par la tentation, et le Seigneur m'a envoyé pour vous délivrer de toutes vos peines, car je suis l'ange Raphaël, l'un des sept anges assistant devant le trône de Dieu.*

Tobie et ceux de sa famille ayant entendu cette révélation, tous se prosternèrent le visage contre la terre ; mais l'ange leur dit : La paix soit avec vous, n'ayez aucune crainte, car, pendant que j'ai été avec vous, j'y étois par la volonté de Dieu. Je paroissois boire et manger avec vous, mais les hommes ne peuvent voir de quels alimens ni de quelle boisson j'use. Cependant le temps est arrivé qu'il faut que je retourne à celui qui m'a envoyé. Pour vous, bénissez le Seigneur, et publiez les merveilles qu'il a opérées. Et quand il eut prononcé ces paroles, il disparut à leurs yeux, sans qu'ils aient pu l'apercevoir depuis ce moment.

Après avoir été prosternés pendant trois heures le visage contre la terre, ils se relevèrent, bénissant Dieu, et publiant les merveilles opérées par sa puissance (1).

C'est donc toujours de la part de l'ange Raphaël la même doctrine, la même manière d'apparoître et de se faire reconnoître sous son nom, la même paix donnée, soit à Tobie et à sa famille, l'an du monde 3299, soit à Thomas Martin, l'an de N. S. Jésus-Christ, 1816, c'est-à-dire, à deux époques distantes l'une de l'autre de 2521 ans. Quel profond

---

(1) Tob. c. 12, v. 6 et seq.

sujet de méditation fournit aux hommes religieux un pareil rapprochement !

LXI. Mais achevons l'exposé succinct des
autres révélations consignées dans les livres
saints. On y lit l'apparition de l'Ange du Seigneur aux trois enfans jetés dans la four-
naise par l'ordre de Nabuchodonosor, dans
laquelle l'Ange descendit avec eux (1) ; l'apparition de l'ange Gabriël à Daniel, dans laquelle il lui révéla le temps précis de la naissance du Sauveur du monde (2) ; l'apparition
d'un Ange au prophète Habacuc, auquel il
ordonna, de la part du Seigneur, de porter
à manger à Daniel dans la fosse aux lions, où
il étoit depuis six jours sans manger (3) ; les
communications qu'eut le prophète Zacharie
avec l'Ange du Seigneur (4) ; l'apparition de
l'ange Gabriël à Zacharie, père de Saint Jean-
Baptiste, dans laquelle la naissance de cet
enfant lui fut annoncée (5) ; l'apparition de
l'ange Gabriël à la Vierge Marie, pour lui
annoncer qu'elle seroit la Mère du Sauveur
du monde (6) ; l'apparition de l'Ange du
Seigneur à Joseph, Epoux de Marie, pour
le détourner du dessein qu'il avoit formé de
se séparer de la Vierge Marie (7) ; l'apparition de l'Ange du Seigneur aux bergers qui
veilloient à la garde de leurs troupeaux, la

---

(1) Dan. c. 3, v. 49, 50, 92.
(2) Dan. c. 9, v. 21.
(3) Dan. c. 14, v. 33 et seq.
(4) Zachar. c. 1, v. 9, 12 et seq. ; c. 2 et seq.
(5) Luc. c. 1, v. 11 et seq.
(6) Luc. c. 1, v. 26 et seq.
(7) Math. chap. 1, v. 20.

nuit où Jésus vint au monde, pour leur annoncer cette bonne nouvelle (1); l'apparition de l'Ange du Seigneur à Joseph, pour l'avertir de fuir en Egypte avec l'Enfant nouveau-né de Marie (2), et ensuite pour leur annoncer qu'Hérode étant mort, ils pouvoient retourner en sureté en Galilée (3); l'apparition de l'Ange qui soutint Notre Seigneur dans son agonie au Jardin des Oliviers (4); l'apparition de l'Ange qui ouvrit aux Apôtres la porte de la prison où ils étoient renfermés à Jérusalem, d'où ils sortirent pour aller prêcher dans le Temple la Résurrection de Jésus-Christ (5); l'apparition de l'Ange du Seigneur à Saint Pierre, dans la prison, d'où l'ange le tira les portes étant fermées (6).

LXII. On ne croit pas qu'après une énumération de textes aussi multipliés, et dont l'autorité est inattaquable, personne entreprenne de contester la vérité des visions, des apparitions et des révélations opérées par le ministère des Anges. Mais après avoir emprunté des livres saints les textes qui remontent jusqu'à l'origine du monde, et qui établissent la perpétuité de cette espèce de commerce que Dieu a daigné entretenir avec des hommes justes, dans tous les siècles, comme un insigne témoignage de sa bonté et de son

---

(1) Luc. c. 2, v. 9 et seq.
(2) Math. c. 2, v. 13.
(3) Ibid. v. 19.
(4) Luc. c. 22, v. 43.
(5) Act. c. 5, v. 19.
(6) Act. c. 12, v. 7 et seq.

amour inépuisable pour ces hommes qu'il a créés, qu'il a même voulu racheter de son sang, ajoutons pour la continuation de notre preuve, quelques uns des témoignages compris dans l'histoire de l'Église, sur les visions, apparitions et révélations qui ont eu lieu dans les siècles qui ont suivi celui de la naissance de Notre Seigneur Jésus-Christ, qui attesteront la succession non interrompue jusqu'à nous, de la bienveillance divine envers les hommes, dans tous les âges du monde.

1.º L'auteur de l'histoire ecclésiastique en parlant de la cruelle persécution qu'éprouva l'Église chrétienne sous l'Empereur Décius, qui succéda à Philippe, en l'année 249 de notre ère, rapporte qu'un des Saints de l'Église de Carthage, ainsi que le témoigne Saint Cyprien, eut une vision dans laquelle un jeune homme assis lui apparut, qui lui dit que la persécution avoit lieu parce qu'on n'observoit pas ses commandemens.

Saint Cyprien attribuoit aussi la persécution de l'empereur Décius, au grand relâchement des chrétiens ; il disoit que ce relâchement venoit de la longue paix dont l'Église avoit joui. Chacun, dit-il, s'applique à augmenter son bien avec une avidité insatiable. On ne se souvient plus de ce que les fidelles ont fait du temps des Apôtres, et de ce qu'on devroit faire. La miséricorde ne paroît point dans les œuvres, ni la discipline dans les mœurs. On trouve des artifices pour tromper les simples. On prostitue les membres de Jésus-Christ aux infidelles, en

contractant des mariages avec eux. On jure
en vain, et même on se parjure. On méprise
insolemment les prélats ; d'autres cherchent
à s'enrichir par le trafic, et ne secourent
point leurs frères, ils veulent avoir de l'ar-
gent en abondance, usurper des terres par
artifice, et tirer de grands profits par des
usures.

Dans cette persécution, Saint Denis,
Évêque d'Alexandrie, se retira de sa ville
par ordre de Dieu, quoique avec peine.
Saint Cyprien, Évêque de Carthage, reçut
le même ordre et obéit. (Fleuri, hist. ecclés.
tom. 2, p. 167 et suiv.)

2.º La révélation faite à l'Empereur Constantin, est célèbre dans l'histoire de l'Église.
l'Empereur Constantin se voyant engagé dans
une guerre dangereuse avec des forces inéga-
les contre Maxence qui tenoit la ville de
Rome, en 312, eut recours au Dieu des chrétiens qu'il invoqua avec ferveur, pour qu'il
daignât l'assister contre son ennemi, lorsqu'au
milieu de la prière qu'il adressoit à Dieu
avec une vive affection, il vit dans le ciel,
au-dessus du soleil, une croix de lumière,
et une inscription portant ces mots : *In hoc
signo vinces*. Ses soldats virent la même chose
et n'en furent pas moins étonnés. L'Empereur
long-temps après racontoit cette merveille,
et assuroit avec serment l'avoir vu de ses
yeux. Il le dit en présence d'Eusebe, Évêque
de Césarée, qui en a écrit l'histoire. La nuit
du même jour, Jésus-Christ lui apparut avec
le même signe qu'il avoit vu dans le ciel, et
lui ordonna d'en faire une image, et de s'en

servir contre ses ennemis dans les combats, ce qu'il exécuta ; et cette enseigne qui devint celle des troupes de l'Empereur, fut distinguée depuis sous le nom de *Labarum*. De ce moment l'Empereur appela auprès de lui des Évêques, et se fit instruire dans la religion chrétienne.

Ce fut le 28 octobre de l'année 312, la cinquième de son règne, que l'Empereur Constantin, encouragé par la vision céleste qu'il avoit eue, mit ses troupes en bataille, et s'approcha des portes de Rome ; Maxence alla à sa rencontre et son armée défaite périt en partie noyée avec lui dans le Tibre. On lui coupa la tête qu'on porta au bout d'une pique à Rome. Rome ouvrit ses portes à Constantin et le reçut comme un libérateur. Le sénat lui fit eriger un arc de triomphe qui se voit encore ; et lui éleva une statue avec une inscription relative au signe salutaire auquel il devoit la victoire, tenant aussi une croix, dans sa main. (hist. ecclés. de Fleuri, tom. 2, pag. 639—642.

3.º La révélation faite à l'Empereur Licinius, l'an 313, n'est pas moins remarquable que celle faite en 312 à l'Empereur Constantin. L'Empereur Constantin étant parti de Rome, le 18 janvier 313, pour se rendre à Milan où l'Empereur Licinius se trouvoit déjà pour la célébration de ses noces avec Constantia, sœur de Constantin ; l'Empereur Maximin, apprenant que ces deux Empereurs d'Occident étoient occupés à ces noces, partit de Syrie pour venir les attaquer ; mais un Ange qui apparut la nuit à Licinius, l'a-

vertit de se lever promptement, et de prier
le Dieu Souverain, avec toute son armée,
lui promettant la victoire s'il le faisoit.
Et Licinius ayant fait appeler aussitôt son
secrétaire, il lui dicta mot à mot les paroles
de la prière qu'il devoit faire, telles que
l'Ange les lui avoit dites en ces termes :
« Grand Dieu, nous te prions. Dieu Saint,
« nous te prions, nous te recommandons
« toute justice. Nous te recommandons notre
« salut. Nous te recommandons notre empire.
« C'est par toi que nous vivons. C'est par
« toi que nous sommes victorieux et heu-
« reux. Dieu grand et saint, exauce nos
« prières, nous te tendons les bras. Dieu
« saint et grand, exauce-nous. »

On fit plusieurs copies de cette prière,
afin que chacun l'enseignât aux soldats : à
quoi Licinius et son armée s'étant conformés
exactement, ils remportèrent effectivement
la victoire. (hist. id. p. 648.)

4.° Saint Antoine, dans son monastère,
l'an 340, eut révélation de la grande affliction qui devoit arriver à l'Eglise d'Alexandrie, dont on vit l'accomplissement deux
ans après, ainsi qu'il l'avoit prédite aux
Cénobites qui vivoient avec lui. (id. ibid.
tom. 3, p. 289.)

5.° Saint Severin regardé comme l'apôtre
du Norique, aujourd'hui l'Autriche, apprit
souvent dans le 5.e siècle les incursions que
les barbares renouvellèrent plusieurs fois de
son temps, dans ce pays ; il avertissoit les
habitans de la marche des barbares avant les
courses qu'ils y firent, les exhortant à détour-

ner ces calamités par leurs prières et leurs bonnes œuvres. (id. ibid. tome 6, p. 363.)

6.° Sainte Hildegarde, religieuse dans un monastère au diocèse de Mayence, en 1148, eut des révélations qui furent écrites sous sa dictée. Elles ont été reconnues et approuvées par le Pape Eugène III, par Saint Bernard, abbé de Clairvaux, et par plusieurs grands personnages du clergé romain et du clergé de France, Cardinaux et Évêques, auxquels le Pape en avoit donné communication. Il est remarquable que dans ses révélations, la sainte reprend avec force les scandales et les désordres de son temps, et excite avec la même force les peuples à la pénitence. (id. ibid. tom. 14, p. 634.)

LXIII. Ce petit nombre d'exemples suffit pour prouver que dans tous les temps l'Eglise catholique a reconnu qu'il y avoit eu sur la terre des justes favorisés de révélations divines ; mais elle ne les a jamais admises comme telles, qu'avec des signes évidens de la vérité des prodiges qui accompagnent et qui attestent toujours la foi qu'on doit avoir en ces révélations. Tels furent les prodiges qui accompagnèrent et qui attestèrent la mission divine de Jeanne d'Arcq, en 1429, et telles sont, on peut le dire aussi, les circonstances merveilleuses, entièrement surnaturelles et multipliées, qui accompagnent la mission divine dont Thomas Martin a été chargé par l'Ange Raphaël.

LXIV. On ne prétend pas néanmoins, malgré l'évidence frappante des miraculeuses apparitions de l'Ange Raphaël à Martin, qu'on ne dût pas soumettre le récit fait par lui de ces apparitions, à un examen sérieux ; mais jamais cet examen ne fut du ressort des docteurs en médecine. *Il n'y a ,* (dit l'Ange Raphaël, dans son apparition du 15 mars , *il n'y a qu'à faire examiner la chose par un théologien, et on verra si elle est réelle.* On a vu que ce fut à la décision des théologiens que furent soumises les révélations de la pucelle d'Orléans.

LXV. Si l'on veut connoître quelles sont les règles à l'aide desquelles les théologiens entreprennent de s'acquitter d'une fonction aussi importante de leur ministère, on peut consulter un des plus renommés d'entre ces docteurs, le célèbre Jean Gerson, chancelier de l'université de Paris, qui rendit de si grands services à l'Eglise dans le concile de Constance, et qui a donné un traité exprès sur la matière des révélations, intitulé : *Examen des Esprits.* On dit qu'il le composa à l'occasion de la canonisation de Sainte Brigitte, qui fut sollicitée vivement auprès des Pères du concile de Constance, en 1415, par les ambassadeurs du roi de Suède, et on sait que les révélations faites à cette Sainte dans des communications qu'elle disoit avoir eues avec Notre Seigneur Jésus-Christ, avec la Sainte Vierge et avec plusieurs Saints , entroient pour beaucoup dans les motifs que le roi de Suède faisoit valoir pour obtenir cette canonisation : elle avoit été faite pendant le schisme par le pape Boniface IX , en 1391 ; mais elle fut ratifiée et confirmée, sur la demande des

ambassadeurs de Suède, au concile de Constance par le pape Jean XXIII, en 1415.

LXVI. Quoi qu'il en soit de savoir si ce
fut cette canonisation qui donna lieu aux
savantes recherches que fit le docte chancelier Gerson, des règles qui doivent être gar-
dées dans l'examen des révélations, pour
distinguer les vraies révélations des fausses
révélations, qu'il appelle des illusions; ob-
servons d'abord que ce savant théologien,
surnommé à juste titre le docteur très chrétien, enseigne « qu'il y a un égal danger
« d'admettre ou de rejeter trop légèrement
« les révélations (1). »

« (2) Il n'est pas donné à toute personne
(dit le même docteur) « de connoître si les
« apparitions des esprits que certaines per-
« sonnes disent avoir eues, procèdent de
« Dieu. Ce discernement n'appartient qu'à
« ceux qui en sont gratifiés par *le Saint-*
« *Esprit, qui seul dispose des différentes*

---

(1) Est autem utrobique vel in approbatione, vel
in reprobatione periculum. (Gersonius, tom. 1, pag. 38,
tract. *de probat. spirituum.* Antuerp. 1706, *in*-fol.

(2) Probare spiritus si ex Deo sunt non cuilibet
datum est, sed aliquibus per Spiritum Sanctum, qui
unus existens, *divisiones gratiarum distribuit singulis
prout vult, ad aedificationem corporis Christi, quod
est Ecclesia* (a). Cui nunquam defuit in necessariis....
Non omnium est probare spiritus, si ex Deo sunt; sed
quibus datum est, quales sunt spirituales, quos unctio
docet de omnibus, qui et de omnibus judicant etiam inter
diem et diem; quale donum beatus Martinus et Anto-
nius et alii plures leguntur habuisse. (Idem ibid.)

(a) Ephes. c. 4, v. 14.

« espèces de grâces qu'il distribue comme
« il lui plaît, pour l'édification du Corps de
« Jésus-Christ, c'est-à-dire de son Eglise (1)
« à qui ces grâces n'ont jamais manqué toutes
« les fois qu'elles lui ont été nécessaires....
« Il n'appartient donc pas à tout le monde
« de juger ce qui procède des esprits, de sa-
» voir si ces esprits sont inspirés de Dieu ;
« mais seulement à ceux à qui cet examen
« est confié, comme sont les spirituels qui
« sont instruits de tout par l'onction divine,
« qui jugent de tout ce qui se passe dans un
« temps comme dans un autre ; ainsi que
« nous le lisons de St. Martin, de St. An-
« toine, et de plusieurs autres, spécialement
« favorisés du don de connoître la vérité des
« révélations. »

(2) « Lorsqu'il s'agit d'approuver doctora-
lement les apparitions des esprits, irons-nous
chercher nos preuves chez des personnes dont
nous ne pouvons ni voir ni sonder les cœurs?

---

(1) Ephes. c. 4, v. 12.
(2) Probare vero spiritus doctrinaliter dum quærimus
in aliis personis, quarum corda neque videre, neque
scrutari datur, oportet ut ab operibus signa sumamus,
dicente Christo *à fructibus eorum cognoscetis eos* (a).
Fallit tamen unum signum vel pauca, si non in unum
plura conglobaverimus..... sed quoniam infinita est
quidem hujusmodi signorum confusio ; coarctemus ad
pauciora, et dicamus sub hoc metro : *tu quis? quid?
quare? cui? qualiter? unde? require.* Quis est cui fiat
revelatio. Quid ipsa continet et loquitur. Quare fieri
dicitur. Cui per consilio *detegitur.* Qualiter vivere, et
unde vivere reperitur. (Gersonius ibid.)

(a) Math. c. 7, v. 16, 20.

il faut donc que nous jugions d'après leurs
œuvres, comme l'a dit Notre Seigneur : *vous*
les reconnoîtrez à leurs fruits. Au reste, si
on n'a, pour se déterminer à approuver des
révélations, qu'un seul des signes auxquels
on a coutume d'attribuer la reconnoissance
de la vérité des révélations, ou même si ce
n'étoit qu'un petit nombre de ces signes,
nous nous exposerions à y être trompés, à
moins que nous n'en réunissions plusieurs
en un seul. Cependant comme cette confusion des signes appropriés à la question que
nous traitons, pourroit nous jeter dans l'in-
fini, nous les renfermerons dans un nombre
déterminé contenu dans la mesure d'un vers
(traduit ou commenté comme il suit) : *Qui*
êtes-vous? de quoi s'agit-il? quel est l'objet
de vos révélations? à qui vous êtes-vous
adressé pour avoir conseil? quelle est votre
manière habituelle de vivre? et d'où tirez-
vous vos moyens de vivre? »

(1) «Lorsqu'il y a lieu d'examiner la réalité
des visions, des apparitions des esprits, il
faut sur-tout considérer la personne qui
éprouve ces visions. Si elle est douée d'un

---

(1) Probatio spirituum dum quæritur fieri ; conside-
retur imprimis persona suscipiens visiones. Si sit boni
et discreti judicii, rationis naturalis; quia læso cerebro
turbatur judicium rationis . . . . . . plurimum refert at-
tendere qualis sit et fuerit persona, qualiter erudita,
quibus assueta, quibus delectata, cum quibus con-
versata, si dives aut egena. In prima superbiam, vel
secretam voluptatem, in altera fictionem tenebimus.
(idem ibidem.)

jugement sain et droit. Si sa raison est dans
une parfaite intégrité ; car s'il s'agit d'un
cerveau malade, il n'y a plus à compter sur
la rectitude des idées, lorsque le jugement
n'a pas pour appui une raison saine. Ayez
aussi à considérer quelle est, quelle a été
la personne dont il s'agit ; comment elle a
été instruite ; quelles sont ses affections, ses
amusemens, ses relations ; quelles personnes
elle fréquente ; si elle est riche ou pauvre ;
car si elle est riche, nous découvrirons souvent en elle la vanité ou l'amour du plaisir;
et si elle est pauvre, la fourberie. »

LXVII. (1)« Comme *la foi n'est pas donnée à tout le monde*, selon l'apôtre, puisque
c'est un don de Dieu ; de même aussi il n'appartient pas à tout le monde de distinguer

---

(1) Sicut *non omnium est fides* secundum Apostolum,
sed est donum Dei, sic non omnes veram a falsa revelatione secernunt, sed aut veram spernunt et falsam am-
plectuntur, vel sacrilega impietate et incredulitate,
talia reprobant, negant et contemnunt ; porrò de nostris in religione et auctoritate nitor constitutis : incredibi-
lia ferè sunt ea quæ idoneis testibus referentibus agnovi.
Si veniat igitur aliquis qui se revelationem habuisse
contendat, quemadmodum Zacharias et alii propheta-
rum ; cognoscant ex historiâ sacrâ accepisse quid age-
mus. Pro pacto habebimus. Si statim negemus omnia,
vel irrideamus vel inculpemus, videbimur inculpare auc-
toritatem divinæ revelationis quæ nunc et olim potens
est, neque enim manus ejus abbreviata est, ut revelare
non possit. Scandalisabimus præterea simplices dicentes, quod ita de nostris revelationibus et prophetis po-
tuerunt esse calomniæ, et causandæ erunt phantasiæ,
vel illusiones (Gersonius ibid, p. 43, *de distinctione
verarum visionum à falsis.*)

les vraies révélations des fausses : car on voit des personnes qui s'attachent à des révélations fausses comme vraies ; et d'autres qui, par une incrédulité sacrilège, rejettent, nient et méprisent les vraies révélations..... J'ai eu occasion (dit le chancelier Gerson) de reconnoître, sur l'attestation de témoins dignes de foi, la vérité de faits presque incroyables arrivés à des personnes d'une haute piété. Si donc quelqu'un soutient avoir eu une révélation telle que l'a eue Zacharie, père de St. Jean-Baptiste, telles que les ont eues plusieurs prophêtes, que ferons-nous? Si nous nions la vérité du fait allégué, si nous tournons en moquerie celui qui en fait le récit, si nous l'inculpons, nous paroîtrons nier la puissance de la Majesté divine sur le fait des révélations, qui est la même aujourd'hui qu'elle a été dans tous les temps, et dont le bras n'est pas raccourci ; ce qui tendroit à infirmer la croyance aux révélations, au grand scandale des simples fidelles, qui pourroient induire de notre dénégation, qu'on auroit le droit de nier de même la vérité des révélations qui font partie de notre foi, et de les regarder aussi comme des visions fantastiques ou des illusions. »

LXVIII. (1) « Nous prendrons donc un

---

(1) Tenebimus ergo medium, et secundum Apostoli Johannis documentum, *non credemus omni spiritui, et probabimus spiritus si ex Deo sunt;* (Johan. 4.) et obedientes Apostolo (1. Thessal. 5.) *quod bonum est teneamus.* Erimus sicut nummularii seu campsores spirituales ad colenter et acutè examinandum numisma pretiosum et extraneum divinæ revelationis ; an forte

parti moyen pour éviter de tomber dans l'un
ou dans l'autre inconvénient d'une crédulité
abusée ou d'une impie incrédulité (*a*); et en
nous conformant à l'enseignement de l'apôtre

---

dœmones, qui monetam quamlibet et divinam et bonam
falsare satagunt, subintroducant pro vera et legitima
falsatam et reprobam. Esset hoc in detrimentum non
mediocre ecclesiastici fisci, vel ærarii seu thesauri im-
perialis Dei, et tantò amplius, quanṭò moneta est pre-
tiosior et rarior; quemadmodum sunt actus heroicarum,
atque surnaturalium visitationum ; tantò igitur vigi-
lantior adhibenda est ad discernendum cautela, quantò
esset jactura damnosior : et quoniam similitudo hæc
satis idonea est ad id palpabilius ostendendum quod in-
tendimus, prosequamur etiam, dicentes. (Gersonius,
ibid.)

(*a*) La doctrine de l'Eglise catholique a toujours été
la même. Ce que le chancelier Gerson, en 1415, appeloit une *impie incrédulité*, a été condamné sous la même
qualification par un des plus illustres Évêques de notre
Eglise gallicane. M. l'Évêque de Langres, qui dans
son exil comme quand il étoit assis dans sa chaire épis-
copale, n'a pas cessé de nous donner les plus solides
instructions sur le dogme comme sur la morale évan-
gélique, dans son explication sur les évangiles impri-
mée à Breslau, 1800, tom. 2, p. 148, nous dit :
« A l'égard des révélations, nous avons à nous préser-
« ver de deux écueils opposés ; d'une crédulité exces-
« sive, et d'une incrédulité vicieuse ; d'une crédulité
« qui admet les rêveries d'une imagination exaltée, et
« d'une incrédulité qui, rejetant tout, par cela seul
« qu'il est extraordinaire, semble contester à Dieu le
« pouvoir de se manifester comme il lui plaît. La première
« conduit à la superstition, la seconde à l'irréligion. Ce
« sont deux excès contraires à l'esprit de l'Eglise catho-
« lique; l'un altère sa pureté, l'autre contredit sa vé-
« racité. L'un fournit un prétexte aux railleries des
« libertins, l'autre donne un principe à leur impiété. »

Saint Jean, nous dirons qu'*on ne doit pas croire à tout esprit, et qu'on doit examiner si cet esprit est de Dieu;* de manière que, suivant que le prescrit aussi St. Paul, *nous ne nous attachions qu'à ce qui est bon.* Alors, à l'imitation de ces banquiers, de ces changeurs, établis pour éprouver les monnoies courantes, nous ferons l'office de changeurs spirituels pour éprouver, pour examiner, avec la plus scrupuleuse attention, cette monnoie étrangère de la révélation divine qui nous est présentée, et éviter que Satan, qui n'est occupé qu'à falsifier la vraie et bonne monnoie divine, ne nous surprenne, en nous présentant pour bonne une fausse monnoie, au grand détriment du fisc et du trésor impérial de Dieu, falsification d'autant plus dommageable à son trésor, que cette monnoie est plus précieuse et plus rare, comme le sont effectivement les vertus héroïques et les communications surnaturelles. On doit donc apporter d'autant plus de précaution dans ce discernement, que l'éviction qui pourroit s'ensuivre deviendroit plus préjudiciable; et comme cette comparaison est propre à rendre plus sensible ce que nous entendons, nous allons la développer. »

LXIX. (1) « Nous disons, premièrement,

_____

(1) Primum. Examinator hujus monetæ spiritualis, debet esse theologus arte pariter usuque peritus, non quales sunt semper addiscentes qui nunquam ad scientiam veritatis perveniunt ; quales garrulosi, verbosi, protervi, contentiosi, moribus denique pessimis dediti; quibus omnis sermo de religione fabula est, sive onus.... apud tales nummularios, nova quælibet moneta divinæ

que l'examinateur de cette monnoie doit être
un théologien versé dans cette science, et
exercé dans l'application qu'il a été en usage
d'en faire. Mais ce ne sera pas de ceux qui,
toujours étudiant, ne parviennent jamais à
acquérir la connoissance de la vérité; ni de
ces discoureurs diffus, disputailleurs, ar-
rogans, ou enfin de mauvaises mœurs, à
qui tout ce qui traite de la religion est sou-
verainement ennuyeux, s'ils ne regardent
même cette occupation comme une folie. Auprès de tels changeurs, toute monnoie de révélation divine sera si inconnue, si étrangère, que dès la première vue ils en feront
la dérision, et ils la rejeteront avec un souverain mépris, disant qu'elle est fausse. D'autres au contraire, je ne prétends pas le nier,
donneront dans l'excès opposé, et prendront
pour des révélations, les rêveries délirantes,
les illusions mensongères, vaines et supers-
titieuses de certains personnages, même quelquefois les imaginations les plus extraordinaires des malades ou des mélancoliques.
Examinons donc si ceux-ci n'auroient pas
un beaucoup trop grand penchant à la crédulité; et si les autres au contraire ne se

---

revelationis, sic incognita est et barbara, ut confestim ad
se deductam cum grandi cachinno et indignatione reji-
ciant, irrideant et accusent. Alii sunt, non nego, qui ex
adverso in oppositum ruunt vitium. Qui superstitiosa,
vana, et illusoria, hominum cogitationes pro revelationibus ascribunt. istis leve cor nimis ad credendum,
aliis nimium intractabile et asperum esse videas. (id.
ibid.)

rendroient pas trop intraitables et trop dif-
ficiles. »

LXX. (1) « En effet, la monnoie spirituelle de la révélation doit être éprouvée,
comme la monnoie d'or, sous cinq rapports;
savoir : son poids, sa flexibilité ou le toucher, sa dureté, sa configuration et sa couleur; et ces différentes qualités se rapportent
à cinq vertus différentes, par lesquelles on
juge la vraie et légitime valeur de cette monnoie; savoir : l'humilité pour le poids, le
discernement pour la flexibilité, la patience
pour la dureté, la vérité pour la configuration, et la charité pour la couleur. »

LXXI. (2) « Si donc par rapport à la pre-

---

(1) Est autem ista moneta spiritualis revelationis
tanquam aurea, in quinque principaliter examinanda.
Scilicet in pondus, in flexibilitate, in configuratione,
et in colore. Et hoc secundum quinque virtutes, ex
quibus sumitur argumentum monetæ spiritualis legi-
timæ. Humilitas dat pondus; discretio flexibilitatem,
patientia durabilitatem, veritas configurationem, ca-
ritas dat colorem. (Gersonius ibid.)

(2) Itaque quo ad primam conditionem, si cognoveris
aliquem qui per superbam curiositatem, et vanam laudem
atque præsumptionem sanctitatis cupidus sit habere re-
velationes insolitas, qui se dignum illis reputet, qui in
talibus de se narrandis gloriabundus delectetur; scito
quoniam illudi meretur. Neque magni pendas, si aliquam
habuisse revelationem jactanter affirmet; deest enim
pondus humilitatis...... Et nonne hoc pondus humilitatis
hæc habuit revelatio facta Zachariæ et Elizabeth, super
Johannis nominatione. Lege historiam et videbis quod
vicini et cognati vocabant puerum nomine patris sui
Zachariam; quia non garrula et vana curiositate super
nomine pueri parentes evulgaverunt illam dicere. Sola

mière condition, vous connoissez dans une personne une orgueilleuse curiosité, l'ambition d'une vaine louange, une présomption de sa sainteté, le désir d'avoir des révélations non communes, se croyant digne d'en être favorisée, se complaisant dans les récits qu'elle fait d'elle-même, et de ce qui lui arrive ; sachez que cette personne mérite qu'on se joue d'elle et de ses récits, et ne faites aucun cas de ce qu'elle vous raconte des révélations qu'elle se vante d'avoir eues ; parce que l'humilité qui seule peut constater le poids et l'autorité à accorder à cette croyance lui manque..... C'est en effet l'humilité qui caractérise la révélation faite à Zacharie et à Elisabeth, sur le nom qui devoit être donné à Saint Jean-Baptiste. Lisez cette histoire dans le nouveau testament. Vous y verrez que les parens et les voisins vouloient qu'on nommât l'enfant Zacharie comme son père, parce que les père et mère ne s'étoient pas permis de publier par une vaine demangeaison de jaser, la révélation de l'Ange Gabriël, suivant laquelle ils devoient donner le nom de Jean à l'enfant qui naîtroit d'eux ; ils ne s'en expliquèrent que lorsque l'obligation de le faire à la circoncision

extorsit necessitas, dùm in circumcisione puer esset nomen accepturus. Sed et Elisabeth, sancto, humili, verecundoque pudore ornata, occultabat se mensibus sex ; et Zacharias tantæ humilitatis fuisse convincitur, ut ad verbum, aspectumque Angeli, stupidus et gelido tremore concussus, vix crediderit nuncianti. (Gersonius ibid.)

5

de l'enfant les y força absolument, puisque
c'étoit l'époque prescrite où il devoit recevoir son nom. D'autre part, Sainte Elizabeth, par un effet de la sainte pudeur et
de l'humilité dont elle étoit ornée, ne s'é-
toit pas montrée dans le monde pendant les
six derniers mois de sa grossesse, et Zacharie, de son côté, étoit dans une si profonde
humilité, qu'à l'aspect de l'Ange, et en-
tendant sa parole, saisi d'effroi, tremblant
de frayeur, il eut peine à croire l'annonce
que l'Ange lui faisoit. »

LXXII. (1) « La seconde qualité à laquelle
on reconnoîtra la monnoie spirituelle de la
révélation, est le discernement, qui donne
la flexibilité, c'est-à-dire la prompte détermination de recourir au conseil, pour se
soumettre entièrement à sa décision ; cette

_____

(1) Secundum signum in numismate spirituali, est
discretio quæ dat flexibilitatem ; intellige promptitu-
dinem ad credendum consilio, quæ est humilitatis filia.
Si videris aliquem, exemplo Zachariæ et Elisabeth, ince-
dentem viâ regiâ, et corde simplici in omnibus justifi-
cationibus Dei, qui non vult ambulare in magnis et
mirabilibus super se, sed medio quonam tenore, re-
gulas vivendi sequitur à patribus institutas, nec trans-
greditur fines quos patres sui posuerunt ; de tali, noli
credere leviter quòd fallatur per dæmonum illusiones,
quem et credere consilio et in omnibus cæteris mode-
ramen discretionis observare perspexeris. . . . .
AEstimo denique quod nunc maximorum malorum cu-
mulum, quem patimur et experimur, ab hac indiscre-
tionis peste processerit nullius acquiescere consilio per-
mittentis. . . . . Et sanè donum non mediocre Spiritûs
Sancti, hoc donum consilii, quo scilicet dari possit,
vel haberi, vel credi recte consilium. (Id. ibid.)

soumission est la fille de l'humilité. Si vous voyez donc quelqu'un, à l'exemple de Zacharie et d'Élizabeth, marchant dans la bonne voie et dans la simplicité d'un cœur droit à l'accomplissement des préceptes de Dieu, éloigné de se croire capable par lui-même des grandes choses, des choses merveilleuses, mais se tenant dans un juste milieu, se conformant dans l'habitude de sa vie à l'observation des règles établies, et ne transgressant en rien les limites posées par les anciens ; gardez-vous alors de croire légèrement que cet homme que vous aurez reconnu s'en rapportant à un conseil éclairé, et montrant en tout un juste discernement ; gardez-vous de croire légèrement que cet homme ait été trompé par des illusions mensongères de Satan..... Finalement j'estime que, 1.º l'excès des maux dont nous sommes affligés, et que nous éprouvons, provient principalement de cette maudite maladie que nous avons de ne vouloir écouter aucun conseil..... Ce n'est cependant pas un don de peu de valeur, que *ce don du Saint Esprit qui nous rend propres à recevoir comme à donner un juste conseil* (1). »

LXXIII. (2) « Nous avons dit que la troisième qualité à laquelle on reconnoîtra la vraie valeur de la monnoie spirituelle de la révélation, étoit la patience qui la rend

---

(1) Prov. c. 1, v. 2.
(2) Tertium igitur signum in numismate spirituali, dicimus esse patientiam quæ dat durabilitatem, dùm per ignem tribulationis examinatur, et dùm per contume-

durable, c'est-à-dire lorsqu'elle est éprouvée au feu de la tribulation, lorsqu'elle
a souffert des injures et des affronts ;
car, comme dit le Sage : *La science de
l'homme se connoît à la patience.* Si donc
dans le récit que fait quelqu'un des choses
qu'il dit qui lui ont été révélées, il fait voir
qu'il n'a éprouvé que du mépris, des déri-
sions, même des affronts, celui-là donne à
croire beaucoup plus facilement que les récits qu'il fait sont véritables. Il en seroit
autrement, s'il y avoit lieu de soupçonner
qu'il eût en vue de capter le faux honneur
d'une vaine louange. »

LXXIV. (1) « La quatrième qualité requise dans la monnoie spirituelle des révélations, porte sur la configuration et sur
l'inscription légale qui y est apposée. Au
reste l'Ecriture sainte est l'attelier dans lequel est déposé le coin royal de la monnoie
spirituelle ; ensorte que si la monnoie qu'on
donne pour véritable, présente une différence, si petite qu'elle soit, dans la configuration, ou dans l'inscription, avec celles

---

lias crebras et probra pulsatur : *Doctrina viri* (inquit
sapiens) *ex patientia cognoscitur* (a). Si quis itaque
ex manifestatione illorum quæ sibi dicit fuisse revelata,
reportet non nisi dejectionem, irrisionem et opprobria,
faciliùs inducit credere sibi, quàm ubi suspicio de vanæ
laudis captatione rationabiliter exoritur. (Gersonius
ibid.)

(a) Prov. 19, 11.

(1) Quartum signum est veritas quæ dat configurationem et inscriptionem legitimam. Est namque Scrip-

du coin royal, il n'y a pas à hésiter d'assurer qu'elle est fausse, quoique cependant quelquefois la différence de la monnoie fausse avec la bonne monnoie, puisse à peine être aperçue, si ce n'est par les plus habiles experts ; car entre tant de traits conformes à la véritable monnoie, réunis pour cacher le vice de la fausse ; on ne découvre pas au premier coup d'œil le point qui décèle la fausseté. »

LXXV. (1) » D'où nous devons concevoir de quelle importance il est que cette monnoie spirituelle des révélations, d'une espèce insolite, avant d'être admise, soit examinée par des théologiens, qui ont le principal intérêt de discerner ce qui appartient à la véritable religion ainsi qu'à la conservation des mœurs, d'avec ce qui est suspect de fausseté ; ce ne seroit pas non plus une chose moins préjudiciable à l'autorité d'une décision en cette matière, si on omet-

---

tura sacra locus et officina ubi cuneus regius monetæ spiritualis reconditur ; quia si in vel minimo puncto denarius discrepet, in sua configuratione vel superscriptione, ab hoc cuneo regis, absque ullâ dubitatione falsatus est ; attamen tanta est nonnunquàm similitudo denarii falsi ad verum, ut vix nisi à doctissimis possit veritas deprehendi ; quia inter tot veritatis lineas ad fraudem positas non statim unus falsitatis semet aperit. (id. ibid.)

(1) Hæc res indicat quantâ necessitate talis quælibet moneta revelationum insolitarum debet à theologis priusquam admittatur examinari; quorum præcipuè interest veram et falsam religionem et mores discernere. Palàm est insuper quàm perniciosa sit sacræ Scripturæ rejectio. (Gersonius, ibid.)

toit de l'appuyer du texte même de l'Ecriture sainte. »

LXXVI. Le chancelier Gerson fortement attaché à la première condition qu'il tient pour indispensable, que celui qui affirme avoir eu des révélations, soit sur-tout reconnu au signe éminent d'une grande humilité, revient encore sur l'obligation où sont les théologiens de s'assurer que cette condition se rencontre dans celui dont ils ont à examiner les révélations.

(1) « C'est, dit-il, le premier et le principal signe distinctif de la monnoie spirituelle, ensorte que tous les avertissemens intérieurs, tous les pressentimens fortement prononcés, toute révélation, tout miracle, toute extase, toute contemplation, tout ravissement, toute apparition intérieure et extérieure en nous; si elle est précédée, accompagnée et suivie de l'humilité, s'il n'y a rien qui contredise cette humilité; croyez-

---

(1) Humilitatis lucem quisquis intraverit......... Hoc est primum et proximum signum inter signa monetæ spiritualis discretivum. Monitiones autem omnes intrinsecæ, omnes instinctus vehementes, omnis revelatio, omne miraculum, omnis amor extativus, omnis contemplatio, omnis raptus, omnis denique nostra interior exteriorque operatio; si humilitas præcedat et comitetur et sequatur, si nihil perimens misceatur, crede mihi, signum habent quod à Deo aut bono ejus Angelo non falleris. Si verò prædictorum aliquod sumat originem superbia, si ad eam pariendam induxerit, suspecta habe omnia. Humilitatis ergò signum si perfectè nasceretur, frustrà multiplicarentur alia, quoniam superbia et humilitas numisma spiritualium operationum sufficienter condistinguunt. Gersonius, ibid.)

moi, ils ont en eux la marque distinctive
que vous ne serez pas trompé, en admettant que ces opérations viennent de Dieu,
ou d'un de ses Anges, au lieu que si au
contraire quelqu'une de ces opérations est
entachée d'orgueil, dont elle tireroit son
origine, quand ce ne seroit que par induc-
tion, ayez toutes ces opérations pour sus-
pectes ; mais si le signe d'humilité est
évident, il devient superflu de rechercher
les autres, qui sont presque surabondans,
quand le signe d'humilité est bien acquis,
attendu que l'humilité et l'orgueil distin-
guent spécifiquement la vraie et la fausse
monnoie des révélations spirituelles. ✦

(1) LXXVII. « Passons maintenant au cinquième et dernier signe, qui consiste dans
la charité ou l'amour de Dieu, qui donne
la couleur de l'or à la monnoie spirituelle,
signe au reste jusqu'à un certain point in-

---

(1) Quintum signum expediamus ad postremum. De
quinto et ultimo signo, istud est si meministis, cha-
ritas seu divinus amor, qui dat colorem aureum nu-
mismati. Hoc signum non usquequaquè statim suffi-
ciens est, propter sophisticum et fuseum colorem aureum vanæ seu carnalis dilectionis........ Intellige quid
Salomon reperit, dùm solo humanæ industriæ studio,
ad cognitionem divinorum nisus est pertingere ; qualis
est præsens inquisitio de veris atque falsis revelationibus. *Cuncta*, inquit, *tentavi in sapientia; dixi; sapiens efficiar, et ipsa longè recessit à me, multò
magis quàm erat alta profunditas. Quis inveniet eam?*
(a) Et numquid non aspicitis, doctissimi viri, numquid
non animadvertitis simile aliquid eâ propositâ quæstione,

(a) Eccles. 7. 24.

suffisant, par le danger qu'il y a d'envi-
sager comme vraie charité, comme véritable amour de Dieu, une fausse couleur
d'or, une vaine charité qui cacheroit un
amour charnel, un faux amour de Dieu qui
se rattache, en quelque léger degré qu'il se
trouve, à l'orgueil destructif du pur amour
de Dieu. Pour prouver ce qu'il avance, l'auteur invoque l'autorité du plus sage des Rois.
Voyez, dit-il, ce que Salomon a éprouvé,
quand il a essayé d'employer toutes les forces de l'humaine nature, pour entrer dans
la profondeur des connoissances divines,
comme dans le cas de la question présente
où nous nous occupons de la distinction des
vraies et des fausses révélations. *J'ai tout
essayé*, dit Salomon, *pour parvenir à la connoissance de la sagesse. Je disois; je veux
absolument me remplir de la sagesse, et plus
je tâchois d'y arriver, et plus elle s'éloi-
gnoit de moi, beaucoup plus même que ce
qui est du ressort des profondeurs les plus
sublimes : qui est-ce donc qui l'acquerra
cette sagesse ?* (1). A l'égard de notre ques-

---

quæ planè tantò ampliùs mihi videtur exaltari, quantò plùs
quæsita est penetrari, et ibi verè deficiunt scrutantes
scrutinio. Attamen benè actum est, non perdidimus
operam, vos audiendo, ego loquendo ; si de nobis, non
de Dei munere diffidimus, si perindè habeamus ad
Dominum sursùm corda, petentes ne fallamus et falla-
mur, *nam homini bono in conspectu suo dedit Deus
sapientiam et scientiam* (a). (Gersonius, ibid.).

(1) Eccles. 7. 24.

(a) Eccles. 2. 26.

tion, qui paroît devenir d'autant plus ar-
due, qu'on s'applique plus à vouloir la ré-
soudre, elle m'a paru élevée au-dessus de
mon intelligence, et c'est-là où ceux qui
veulent scruter certaines profondeurs, éprou-
vent l'impuissance de leurs facultés ; cependant nous avons toujours fait un bon travail,
si ceux qui m'écoutent, et moi qui ai discouru,
nous nous défions de nous-mêmes et non de
Dieu ; si nous élevons continuellement nos
cœurs vers Dieu, pour lui demander de ne
tromper personne et de n'être point trompés ;
car Dieu (dit Salomon) *ne manque pas de
donner à un homme de bien qui se met en
sa présence, la science et la sagesse* (1). »

LXXVIII. (2) » Pour résumer en peu de
mots tout ce qui a été dit, on doit examiner
si la monnoie de la révélation divine a le
poids que l'humilité seule dégagée de toute
curiosité, de toute enflure de vanité, peut lui

---

(1) Eccles. 2. 26.

(2) Prædictorum omnium hæc summa est , ut exa-
minetur numisma divinæ revelationis, si habeat pondus
humilitatis, absque curiositate et tumoris vanitate ; si flexibilitatem discretionis , absque superstitiosâ æstimatione
et abjectione consilii ; si durabilitatem patientiæ in
adversis , absque murmuratione et fictâ æmulatione ;
si veritatis configurationem , absque mendosâ et ineptâ
assertione ; si colorem vividum et sincerum veræ chari-
tatis , absque carnalitatis scoriâ et fæce ; et quoniam
hæc omnia circà Elisabeth et Zachariam extiterunt in
revelatione eis factâ de Joanne et ejus nomine , com-
mendari non irrationabiliter dictus est ipse Johannes ,
tanquam habens nomen revelatum *quod os Domini
nominavit* (a). (Gersonius , ibid.)

(a) Isai. c. 64 , v. 2.

constituer ; si elle a la flexibilité du discernement sans mélange de présomption superstitieuse, ni mépris des bons conseils ; si elle a la dureté de la patience dans les tribulations, sans murmurer et sans jalousie dissimulée ; si elle a la configuration de la vérité, sans assertion fausse et inepte ; si elle a la couleur vive et naturelle de la vraie charité, incompatible avec tout ce qui est empreint de la lie et de la rouille inséparables de tout ce qui est charnel ; et comme tous ces signes non équivoques se sont rencontrés en Zacharie et Elizabeth dans la révélation qui leur a été faite de Saint Jean et du nom qui devoit lui être donné, c'est avec raison qu'on a dit de Saint Jean, que *son nom lui a été donné de la bouche de Dieu* (1). »

LXXIX. Nous avons extrait des œuvres du chancelier Gerson, les règles qui doivent servir à porter un jugement dans l'examen des révélations, afin d'éviter comme le dit ce savant théologien, *le danger d'approuver ou de réprouver trop légèrement les révélations*. Danger, dit-il, contre lequel on doit également être en garde, les uns *admettant comme vraies de fausses révélations*, tandis que d'autres, *par une incrédulité sacrilège, rejettent, nient et méprisent les vraies révélations*. Faisons l'application de ces règles aux révélations qu'a eues Thomas Martin.

LXXX. *Il faut sur-tout* (dit le chancelier Gerson) *considérer la personne qui*

---

(1) Isaï. c. 64, v. 2.

éprouve ces visions, si elle est douée d'un jugement sain et droit. Ayez aussi, ajoute-t-il, *à considérer quelle est, quelle a été la personne dont il s'agit, quelles sont ses affections, ses relations, quelles personnes elle fréquente, si elle est riche ou pauvre.* Gerson, au sujet de l'un ou l'autre de ces états, présente les inconvéniens qui souvent y sont attachés ; mais sur tous ces points il n'y a rien, ni dans le rapport des médecins, ni dans les renseignemens pris auprès du curé et du maire de Gallardon, qui ne soit avantageux et même honorable à la personne de Thomas Martin ; par tout ce qui nous est connu de sa religion, de sa vie habituelle, de sa conduite, il n'y a rien qui puisse le faire juger indigne d'être favorisé des révélations divines, et dans l'état où il est né, on peut le regarder comme n'étant ni riche ni pauvre.

LXXXI. Si on joint à cette première présomption le signe auquel le docteur très chrétien attache principalement la conviction de la réalité des révélations dans la personne qui prétend avoir été favorisée de cette grace, on veut parler de l'humilité, et on a vu quelle valeur, quelle importance le chancelier Gerson attribue à cette première condition, qui selon lui prévaut sur toutes les autres, pour porter une décision certaine sur la réalité des révélations : or, quel plus excellent modèle de cette vertu pouvoit-on rencontrer que dans Thomas Martin ? les preuves de sa profonde humilité sortent de toutes parts, et cette humilité ne s'est démentie dans aucune des circonstances de la longue épreuve qu'il a subie. Nous avons déjà fait mention de la déclaration qu'il fit à l'ange Raphaël, qu'il se reconnoissoit indigne d'être chargé d'une commission telle que celle que l'Ange lui donna auprès du Roi Louis XVIII ; *moi,* dit-il, *qui ne suis qu'un paysan;* mais la soumission la plus humble ne lui permit pas de répliquer, lorsque l'Ange l'eut assuré que Dieu avoit choisi de préférence un *paysan,* et que c'étoit *pour abaisser l'orgueil,* et à ce sujet n'omettons pas de remarquer avec un des plus grands prélats de l'église de France (1), que les voies de la divine Providence furent toujours les mêmes ; « que Dieu se plaît à s'en- « tretenir avec les hommes simples ; *Cum* « *simplicibus sermocinatio ejus* (prov. c. 3. « v. 32.) que ce sont des hommes simples « et grossiers, gagnant misérablement leur « vie à la garde des troupeaux ; que ce sont « ceux-là que sur toute la terre la Provi- « dence va discerner, et que ce sont ceux- « là que le ciel choisit pour révéler au monde « que le mystère de l'Incarnation du Verbe « vient de s'accomplir. »

« Le temple de Jérusalem (nous dit en- « core M. l'évêque de Langres) (2) étoit fré- « quenté par un grand nombre de personnes. « Les pharisiens y venoient faire étalage de « leur prétendue piété ; les docteurs de la

---

(1) Réflexions sur les Evangiles, par Mg.[r] l'évêque de Langres. Breslau, 1800, tom. 1, pag. 117.
(2) Ibid. pag. 155.

« loi y tenoient habituellement des confé-
« rences pour l'instruction publique ; les
« prêtres y étoient continuellement appelés
« par leurs fonctions ; le grand pontife s'y
« rendoit tous les jours pour y offrir le sa-
« crifice. Ce n'est à aucun de ces hommes
« distingués que Jésus - Christ, paroissant
« pour la première fois dans son temple,
« daigne se manifester; il choisit, pour leur
« révéler le secret de ses grandeurs, un vieil-
« lard nommé Siméon, une vieille femme
« nommée Anne, tous deux peu connus,
« peu considérés dans la nation. Ce sont-là
« de toutes les personnes qu'il voit dans son
« temple, les seules personnes qu'il juge
« dignes de sa confidence. Ce choix (con-
« tinue M. l'évêque de Langres) nous pré-
« sente une importante considération ; les
« talens que le monde admire, les qualités
« qu'il estime, les dignités qu'il révère, ne
« sont rien devant Dieu ; c'est leur emploi
« seul qui peut leur donner quelque prix à
« ses yeux ; et comme l'abus est beaucoup
« plus commun que le bon usage ; comme
« les dons de la nature et de la fortune cor-
« rompent bien plus de cœurs qu'ils n'en per-
« fectionnent, deviennent bien plus ordi-
« nairement des occasions d'orgueil que des
« motifs de reconnoissance, et bien plus
« fréquemment des instigations au mal que
« des encouragemens au bien ; au lieu qu'ils
« devroient être des moyens de salut, ils de-
« viennent presque toujours des principes
« de réprobation. Il n'y a que la vertu qui
« soit quelque chose devant Dieu ; elle seule,

« en quelque lieu qu'elle se trouve, attire
« ses regards de complaisance. Le pauvre le
« plus obscur, le plus méprisé, est à ses yeux
« infiniment supérieur au grand le plus dé-
« coré, le plus respecté, le plus courtisé, s'il
« est plus vertueux. Quelle différence entre
« le jugement de Dieu et les nôtres ! Vous
« êtes juste, Seigneur, et un jour viendra
« où ces faux jugemens que nous osons nous
« permettre, seront confondus par votre ju-
« gement. »

LXXXII. Mais reprenons l'exposé des témoignages qui attestent l'humilité de Martin.
Quelle preuve plus éclatante de la parfaite
humilité dont ce digne serviteur de Dieu est
doué, que la soumission avec laquelle il déclara au médecin chargé de lui faire subir le
traitement des aliénés, que quoiqu'il se por-
tât très bien, quoiqu'il ne ressentît aucune
incommodité, cependant le médecin Royer-
Collard lui ayant ordonné *l'usage d'une
tisane rafraîchissante, il feroit ce qui lui
étoit ordonné, quoiqu'il ne fût nullement
échauffé ?*

LXXXIII. Nous trouvons une nouvelle
preuve de l'humilité de Martin dans la démarche qu'il fit le jour même qu'il sortit de
Charenton, d'aller à Paris se présenter au
médecin Pinel et le remercier des soins qu'il
lui avoit donnés, lui qui n'avoit pas même
été malade ni incommodé un seul instant à
Charenton, et qui, s'il eût suivi un sentiment naturel inspiré à tout autre qu'à lui,
eût dû plutôt avoir de la répugnance que de
l'empressement à revoir un médecin à la

conduite duquel il avoit été soumis comme
aliéné, tandis qu'il jouissoit de l'intégrité de
tous ses sens et raison. Dans la même posi-
tion, peu d'autres que Martin eussent donné
un pareil exemple d'humilité et d'impassi-
bilité.

LXXXIV. Au reste, l'humiliation elle-
même d'être enfermé pendant trois semaines
avec des aliénés, sans se plaindre de ce traitement, n'est-elle pas une preuve manifeste
de la profonde humilité de Martin?

LXXXV. Une preuve encore plus con-
vaincante, s'il est possible, que les précédentes, combien l'humilité chrétienne est
une vertu inhérente à la personne de Martin ;
c'est qu'étant favorisé d'une grâce aussi spéciale que celle de converser seul à seul avec
un Ange, de le voir, de le toucher, d'en être
traité amicalement, on ne rencontre pas
dans toute sa conduite pendant les trois mois
qu'ont duré ces communications si glo-
rieuses en elles-mêmes pour celui qui y est
admis, la moindre trace, non pas seulement
de jactance, mais même de simple complaisance en lui-même, dont il ait pensé pouvoir se flatter ou s'applaudir aux yeux de
qui que ce soit. Le procès-verbal que nous
avons de tout ce qu'il a fait, avant, pendant
et après son séjour dans la maison royale de
Charenton, même depuis qu'il est retourné
chez lui, n'offre pas le plus léger soupçon
d'une satisfaction quelconque, dans laquelle
ce digne serviteur de Dieu ait cherché à
s'entretenir, relativement au choix que Dieu

avoit fait de sa personne pour remplir la mission dont il a été chargé.

LXXXVI. La première condition requise pour la preuve des révélations divines, étant acquise aussi amplement qu'elle peut l'être en faveur de Martin, nous pourrions nous dispenser d'entrer dans l'examen des autres conditions, puisque, suivant le chancelier Gerson, *si le signe d'humilité est évident, il devient superflu d'examiner les autres, qui sont presque surabondans :* néanmoins nous ne négligerons pas de faire voir que Martin réunit aussi en sa personne les autres conditions qui concourent avec l'humilité à établir la vérité des révélations qui lui ont été faites.

Et à l'égard de la seconde condition, qui est que celui qui prétend avoir eu des révélations ait eu recours à un conseil ; nous apprenons par le rapport du 6 mai 1816, que Martin, après plusieurs apparitions de l'Ange Raphaël, alla en conférer avec le curé de sa paroisse, lui confia ce qui lui étoit arrivé ; que le curé de Gallardon dit une messe du Saint-Esprit, à l'intention qu'il plût à Dieu éclairer Martin sur la vérité de ce qu'il éprouvoit ; que les mêmes apparitions de l'Ange ayant continué depuis la célébration de cette messe, ce fut sur les sollicitations de Martin que le curé de Gallardon se détermina à rendre compte à son évêque diocésain de ces apparitions. Il étoit difficile que Martin remplît mieux qu'il l'a fait, la seconde condition imposée à celui qui prétend avoir eu des révélations, de recourir à un conseil.

LXXXVII.Quant à la troisième condition,
qui est que celui qui dit avoir eu des révélations ait souffert avec patience, sans murmurer, les affronts et les mépris qu'on aura
fait de ses récits ; il seroit difficile de nier
que Martin n'ait pas éprouvé des affronts,
des mépris, ni de dire qu'il ne les a pas sup-
portés avec une patience toute chrétienne :
car à quel plus grand affront un homme sensé, à quel plus grand mépris cet homme de
Dieu pouvoit-il être exposé que d'être traduit dans la maison destinée au traitement
des aliénés, d'y avoir été retenu pendant
trois semaines, et regardé comme tel, sans
avoir jamais laissé échapper aucune plainte?
Il faut l'humilité chrétienne de Martin pour
avoir soutenu avec tant de vertu une semblable épreuve, lui chargé d'une mission divine.

LXXXVIII. La quatrième condition requise, est que la certitude de la révélation
ne soit atténuée par aucun fait qui tendroit
à infirmer la véracité du récit qui en est fait:
or, à cet égard, les deux médecins qui ont
donné leur rapport le 6 mai 1816, affirment
que *Martin n'est point un imposteur.*

LXXXIX. Enfin, la cinquième condition marquée par le chancelier Gerson, et
qu'il regarde néanmoins, ainsi que les trois
précédentes, *presque comme surabondante,*
si on a la preuve bien acquise de l'humilité
du sujet qui se dit favorisé de révélation divine; cette cinquième condition est la charité,
ou l'amour de Dieu. Et à l'égard de ce cinquième signe, l'auteur ne dissimule pas com-

6

bien il est difficile d'acquérir la preuve que cet amour de Dieu est exempt de tout *orgueil* qui, en quelque léger degré qu'il soit, est incompatible avec le pur amour de Dieu. Mais en cherchant en quoi cette incertitude pourroit être applicable à la personne de Thomas Martin, il paroîtra évident à tous ceux qui auront lu le rapport des médecins du 6 mai 1816, que jamais homme ne fut moins dans le cas que Martin d'être regardé comme entaché d'*orgueil*.

X C. Quand on considère tout ce que présente à un esprit religieux l'examen que nous venons de faire de la personne de Martin, il est difficile de ne pas reconnoître en lui, non-seulement un homme très sensé, également sage et vertueux, infiniment digne d'éloge devant les hommes ; digne même de mériter aux yeux de Dieu le titre que nous n'avons pas hésité de lui donner, de *serviteur de Dieu*.

XCI. Mais ce qui tourne si fort à l'honneur et à la louange de Martin, tourne d'un autre côté à la honte et à la confusion de la France et de la nation française, qui, au lieu d'honorer en sa personne l'homme de Dieu, l'homme choisi par lui pour notifier ses ordres aux Français, souffre que cet envoyé de Dieu soit dérisionné, méprisé ostensiblement comme *visionnaire*. Voyez comment le sieur de Baudricourt, gouverneur de Vaucouleurs, fut rempli de respect pour Jeanne d'Arcq, pour cette simple bergère, dès qu'elle lui eut révélé que les Français, dans le moment où elle lui parloit, étoient

battus par les Anglais, ce qui étoit vrai, mais
dont on ne put avoir la nouvelle à Vaucou-
leursque huit jours après l'événement : voyez
comment ce gouverneur, qui ne douta plus
de ce moment que cette bergère ne fût ins-
pirée de Dieu, la fit conduire honorablement
auprès du roi Charles VII, accompagnée
par ses deux frères et par deux autres gentilshommes; voyez comment elle fut honorée
à la cour de Charles VII par les généraux et
par toute l'armée, quand elle eut révélé au
roi des choses secrètes qui ne pouvoient lui
avoir été révélées à elle-même que de Dieu;
et, à notre grande confusion, de nous nation française, Thomas Martin, non moins
favorisé d'en haut par les révélations toutes
miraculeuses qui nous sont arrivées par sa
bouche, et qui devroient nous faire crier au
prodige, comme toute la France fit à l'égard
de Jeanne d'Arcq, Thomas Martin est traduit dans une maison destinée au traitement
des aliénés, confondu avec eux et traité
comme tel !

XCII. Comment pourrons-nous réparer un
mépris aussi marqué des apparitions divines, d'un messager céleste, d'un Ange envoyé de Dieu aux Français, chargé de
remplir auprès d'eux une mission qui devoit les remplir en même temps de respect
et de terreur par l'annonce des châtimens
dont la France est menacée, si elle ne donne
pas promptement des signes manifestes de
son repentir, si elle ne fait pas la pénitence
qu'exige la justice divine de tous les crimes
dont elle s'est rendue coupable.

XCIII. Vainement des écrivains, plus in-
dulgens qu'exacts, s'appliquent-ils, depuis
la restauration de la monarchie, à nous représenter la nation française comme absoute
des crimes qu'on voudroit rejeter uniquement
sur quelques factieux, comme seuls coupables, dit-on, des forfaits, des atrocités dont
on ne prétend pas dissimuler l'énormité, mais
dont on voudroit se flatter que la nation n'a
ni à se laver, ni à se repentir.

XCIV. Gardons-nous d'entrer dans l'examen approfondi d'une question, dont les détails seroient si déchirans, si affligeans pour
une nation qui a méconnu pendant trop long-
temps tous ses devoirs, pour pouvoir se dire
innocente, même des crimes qu'elle a vus et
qu'elle a laissé commettre. Abstenons-nous
de porter le flambeau de la vérité sur tout
ce qui s'est passé en France pendant les vingt-
cinq années qui ont précédé le rétablissement
du Monarque et de la Maison de France ;
renfermons-nous uniquement dans la période
que l'on désigne sous le nom *des cent jours,*
pendant lesquels la révolte et tous les désordres qui en sont la suite, ont éclaté avec la
plus grande fureur. Imposons-nous même
encore silence sur tout ce qu'a eu d'odieux
cette révolte trop générale, du peuple, de
toute l'armée, des généraux même désertant
les drapeaux du prince auquel ils avoient
fait serment d'être fidelles, pour se ranger
simultanément sous ceux d'un corse, d'un
fourbe couvert de crimes ; couvrons, s'il est
possible, par notre douleur intérieure, l'af-
fligeant tableau de notre déshonneur, qui

ne sera que trop mis en évidence par la vé-
ridique histoire.

XCV. Une considération sur - tout nous
détermine à ne pas remonter plus haut que
l'époque *des cent jours*, et à ne représenter
même ici que les crimes dont les Français se
sont rendus coupables dans cette époque ;
c'est qu'il paroît que si nous n'avions pas
contre nous ces derniers désordres , la nation française n'eût peut-être pas encouru
l'épouvantable châtiment dont elle est menacée ; car nous voyons que Martin a été
chargé par l'Ange Raphaël d'annoncer que
c'étoit *pour n'avoir pas assez senti le miracle de la première restauration , que c'é-
toit en punition de ce manque de reconnoissance que nous avions été frappés de nouveau.* Nous nous restreindrons même à ne
présenter aux Français comme sujet de pénitence , de satisfaction indispensable exigée
par la toute-puissance divine, que les crimes
vraiment irrémissibles qu'il n'est pas même
donné à la puissance temporelle d'abolir ;
nous voulons parler des outrages faits pendant *ces cent jours* à la Majesté divine , des
blasphêmes horribles que la plume se refuse
de transcrire, dont la France a retenti pendant *ces cent jours*, et dont on ne voit pas
qu'aucun des coupables ait donné le moindre
signe de repentir. C'est de ces blasphêmes,
principalement, dont l'Ange Raphaël a entendu parler, quand il a dit à Martin , et
qu'il l'a chargé de dire aux Français : *La
France n'est plus que dans l'irréligion et
dans l'incrédulité ; la France est en proie*

au délire. Je vous assure que le fléau est à la porte, si le peuple ne se prépare pas à la pénitence. J'ai reçu le pouvoir de frapper la France de toutes sortes de plaies. Le plus terrible fléau est prêt à tomber sur la France. Pendant qu'on a la lumière, qu'on profite de la lumière. « C'est cette lu- « mière que Dieu fait briller sur nous du « haut du ciel, qui nous annonce sa volonté. « Elle est méconnue par la plupart des hom- « mes; ou ils ne la voient point, ou ils n'y « font aucune attention ; les uns entraînés « par leur dissipation, la dédaignent ; les « autres, emportés par leurs passions, la crai- « gnent, et ferment volontairement les yeux « pour ne pas la voir. Nous négligeons, nous « refusons même de la recevoir ; et, selon « l'expression de l'Ecriture, nous nous ré- « voltons contre cette lumière celeste. *Ipsi* « *rebelles sumus.* (Job. 24, v. 13). » (Explication des Evangiles par M. l'évêque de Langres , tom. 1 , pag. 200).

XCVI. Des menaces aussi effrayantes d'un châtiment aussi inévitable que redoutable, seront-elles inefficaces pour tirer les Français de la funeste sécurité à laquelle ils s'abandonnent, pour les tirer de leur sommeil léthargique ! Comment se fait-il qu'ils ne soient pas touchés de la tendre commisération avec laquelle l'Ange *nous assure qu'il auroit une grande douleur si ses démarches,* qui n'ont pour objet que nôtre salut, *étoient inutiles ?*

XCVII. Quelle raison pourroit-on donner de notre déplorable insensibilité aux avertissemens que Dieu nous envoie dans l'affreux danger auquel nous expose notre impénitence ? La parole de Dieu, dans la bouche de l'ange Raphaël, n'est-elle pas aussi forte et aussi puissante qu'elle l'étoit dans la bouche de Jonas, par qui elle convertit les Ninivites ? « C'est nous qui ne sommes pas ce « qu'étoient les Ninivites. Aussi pécheurs « qu'eux, nous sommes plus endurcis. Nous « entendons comme eux la voix de Dieu, « mais nous ne l'écoutons pas dans le même « esprit ; nous ouvrons nos oreilles comme « eux, mais nous n'ouvrons pas nos cœurs « comme eux pour recevoir la vérité (1). »

XCVIII. « Nous n'écoutons que les paroles « qui rassurent nos consciences inquiètes, « et nous nous révoltons contre les vérités « terribles qui ébranlent les consciences éga- « rées. Nous répétons dans le fond de nos « cœurs, ce que les Juifs disoient à Isaïe : « *Nous vous demandons, non pas ce qui* « *est juste et droit, mais ce qui nous plaît.* « *Donnez-nous des erreurs flatteuses, plutôt* « *que des vérités désagréables.* Nos passions « soulevées contre ce qui les contrarie, trai- « tent les mouvemens du zèle, de vaines « déclamations, et les dogmes du Christia- « nisme, d'exagération, dont il faut rabattre « ce qu'il y a de trop, c'est-à-dire, tout ce « qui déplaît (2). »

XCIX. Quel est donc le vice radical qui donne lieu à notre malheureuse insensibilité actuelle sur le fait des révélations de l'ange

---

(1) Explication des Evangiles, tom. 2, pag. 83.
(2) Ibid. pag. 92.

Raphaël à Thomas Martin ? C'est le défaut de foi; l'ange nous l'annonce clairement, quand il dit à Martin : *Pendant qu'on a la lumière, qu'on profite de la lumière.* Or, quelle est cette lumière dont l'ange nous dit que nous devons profiter ? N'est-ce pas la foi en la mission dont Dieu l'a chargé auprès de la nation française ? Et pourquoi la foi que nos pères ont eue dans les révélations dont nous avons donné l'énumération, n'opéreroit-elle pas la même croyance dans les révélations faites à Thomas Martin ? Pourquoi, par exemple, croiroit-on aux révélations faites à Saint Antoine, à Saint Martin, évêque de Tours, tandis qu'on refuseroit de croire aux révélations faites à Thomas Martin, si les unes et les autres ont le même caractère d'authenticité ? On ne pourroit objecter que ces révélations ont été faites à des personnages que nous honorons comme Saints, puisqu'ils étoient vivans sur la terre lorsqu'ils ont été favorisés de ces révélations, et que la gloire dont ils jouissent actuellement dans le Ciel, ne leur appartenoit pas plus alors qu'à Thomas Martin. En tout cas, ni l'empereur Constantin, ni l'empereur Licinius n'ont jamais été comptés au nombre des Saints, et cependant jamais on n'a élevé de doute sur la vérité des apparitions et des révélations que l'Histoire de l'Eglise, des années 312 et 313, rapporte comme authentiques. Les Théologiens enseignent même qu'il n'est pas nécessaire qu'une révélation ait été faite à une personne reconnue sainte, pour que les fidelles soient dans le cas de croire à cette révélation ; qu'à quelques personnes que Dieu ait jugé à propos d'adresser ces communications extraordinaires, quand la réalité en est assurée, nous devons y croire. Nous avons chez nous un exemple incontestable de cette certitude dans ce qui s'est passé en France, en 1429, dans la personne de Jeanne d'Arcq, qui n'a jamais été comprise au nombre des Saints, et dont les révélations furent dans le temps, comme aujourd'hui, regardées comme un témoignage miraculeux de la protection divine en faveur du roi Charles VII et de la monarchie française.

C. D'où vient donc que ces prodiges, que ces miracles que nos pères ont cru qui émanoient de la toute-puissance de Dieu, et dont les exemples se sont renouvelés dans tous les siècles depuis la naissance du monde ; d'où vient que ces prodiges sont devenus incroyables dans notre dix-huitième siècle, en sorte qu'on ne veut plus admettre aujourd'hui la possibilité d'une communication qui auroit eu lieu entre l'ange Raphaël et Thomas Martin ? Ce refus des Français du dix-huitième siècle, attentatoire à la puissance de Dieu, provient uniquement de leur défaut de foi, défaut inconnu aux Français des dix-sept siècles qui nous ont précédés.

CI. L'ange Raphaël nous l'a dit : *La France n'est plus que dans l'irréligion et l'incrédulité.* Quand ce ne seroit pas un ange du Seigneur qui nous feroit cet humiliant et trop véritable reproche, la toute vérité de l'imputation qui nous est faite, n'est malheureusement que trop incontestable. Mais pour nous renfermer dans l'application à faire de notre incrédulité aux révélations de l'ange Raphaël à Thomas Martin, nous dirons que ces révélations ont tous les caractères d'un prodige, d'un miracle de la toute-puissance de Dieu, aussi évidens que dans les révélations faites à Jeanne d'Arcq en 1429, sur lesquelles on n'a jamais imaginé d'élever aucun doute, qui ont toujours été reconnues comme un prodige, comme un vrai miracle; mais qu'il entre dans les principes de l'incrédulité du dix-huitième siècle, dans les principes de la philosophie orgueilleuse dont tant de personnes de notre temps se sont laissées infecter, de nier la possibilité et l'existence des miracles. Il n'est pas de notre sujet de nous occuper ici d'une discussion quelconque sur un point de dogme qui a été traité par des plumes si savantes, dès le temps où commencèrent à paroître ce qu'on appeloit alors les *esprits forts*, toujours les mêmes sous le nom de *philosophes*, et nous nous bornerons à renvoyer sur l'objet de cette discussion, à la réfutation des argumens sophistiques des philosophes modernes, contenue dans les explications des Evangiles par M. l'Evêque de Langres, sur la possibilité et la crédibilité des miracles (1).

CII. Nous avons cherché à réunir dans cet écrit tout ce qui peut conduire à porter un jugement assuré sur la réalité des révélations faites à Thomas Martin par l'ange

---

(1) V. l'Explication des Evangiles, tom. 5, p. 125.

Raphaël, ce qui n'empêchera pas que dans un certain monde on ne traite ces révélations de *jongleries,* et que dans les journaux on ne qualifie Thomas Martin *de visionnaire*. Nous - mêmes nous partagerons le mépris qu'on fera des visions et du prétendu visionnaire, puisque nous osons faire hautement profession de croire à la vérité de ces révélations ; et nous serons rangés dans la classe de ces petits esprits, d'une crédulité toujours prête à se laisser abuser par des illusions.

Que répondrons-nous à cette inculpation? Nous nous humilierons devant Dieu, et nous nous estimerons heureux d'avoir été trouvés dignes de participer aux humiliations, qu'un rare modèle de résignation, de patience et d'humilité a supportées pour l'honneur du saint nom de Dieu, avec tant de constance sans se plaindre. Cependant nous hasarderons, par un pur zèle de charité chrétienne, pour ceux de nos compatriotes qui pourroient être tentés de courir les dangers effrayans dont eux et nous sommes menacés ; nous hasarderons de leur présenter un argument qui nous paroît invincible, mais susceptible encore de les faire revenir de cette détermination tout-à-fait téméraire. Il est tiré de la parité des motifs de crédibilité aux révélations de l'ange Raphaël à Thomas Martin en 1816, avec les motifs de crédibilité de l'universalité des Français, en 1429, aux révélations de l'archange Saint Michel à Jeanne d'Arcq : or, quelque ridicule qu'on veuille jeter sur cette multitude de petits esprits de 1429 ; puisque la vérité de la croyance de ces petits esprits a été justifiée par l'événement ; pourquoi les Français de 1816 n'auroient-ils pas la même confiance dans la vérité des révélations de l'ange Raphaël à Thomas Martin ? pourquoi hésiteroient-ils de suivre l'exemple de leurs prédécesseurs du quinzième siècle, plutôt que de se laisser entraîner dans l'incrédulité périlleuse des esprits forts du dix-huitième siècle ?

CIII. Non, les Français ne préféreront pas l'embrasement de Sodôme, au repentir d'Achab, à la pénitence des Ninivites. Tous, royalistes ou fédérés, nous ferons à Dieu la satisfaction qu'il a droit d'exiger de nous pour nous réconcilier à lui ; nous nous humilierons devant sa Majesté sainte, nous déplorerons dans l'amertume de notre cœur les cris horribles dont nos cités ont retenti pendant les *cent jours,* où des milliers d'insensés et de furieux insultant, bravant le Dieu du ciel, appeloient à eux les démons infernaux. Non la maladie de l'irréligion et de l'incrédulité qui travaille depuis un demi-siècle la nation française, n'est point une maladie incurable ; les Français n'envisageront pas de sang froid la ruine de leur patrie, déjà si méconnoissable, et menacée des plus effroyables catastrophes ; ils prendront enfin l'attitude et le langage des vrais pénitens ; ils auront recours, puisque Dieu leur en donne le temps, aux puissans intercesseurs qu'ils ont auprès de Dieu dans le ciel ; ils auront recours à la Reine des Anges, protectrice de notre France, au Roi Saint Louis, nôtre médiateur dans tous les temps, à cette Sainte Elizabeth, si digne de gloire, qui revit pour nous sur la terre dans une princesse qui nous retrace toutes ses vertus; et la puissante intercession de ces ames célestes, à laquelle nous devons, n'en doutons pas, le délai qui nous est accordé, nous obtiendra aussi la miséricorde qu'un Dieu infiniment miséricordieux accorde toujours *à des cœurs contrits et humiliés* (1).

CIV. « *N'as-tu pas vu*, dit le Seigneur
« à son prophête, *Achab humilié devant*
« *moi? Puisqu'il s'est humilié pour moi,*
« *je détournerai de sa personne les fléaux*
« *qu'il avoit mérités* (2). Le Seigneur est
« prêt à dire pour nous la même chose. Son
« bras suspendu sur nos têtes, peut encore
« être désarmé par notre humiliation, mais
« par une humiliation sincère. Antiochus
« frappé par la main divine, s'humilie en
« vain, parce qu'il ne s'humilie qu'en ap-
« parence, et que ses discours arrachés par
« la crainte de la mort présente, ne sont
« pas l'expression d'un sentiment religieux.
« En vain vous prosterneriez-vous de même
« devant Dieu, en vain lui adresseriez-vous
« les prières les plus soumises si nous con-
« servions dans le cœur la même arrogance.
« L'humiliation extérieure n'est que le signe
« de celle de l'ame, dont elle tire son prix.
« Si on l'en sépare, ce n'est plus qu'une

---

(1) Ps. 50, v. 18.
(2) 3. reg. c. 21, v. 29.

« hypocrisie, qu'un simulacre de pénitence,
« plus propre à irriter Dieu qu'à l'appai-
« ser (1). »

CV. Qui sait si on ne nous accusera pas
d'avoir annoncé des malheurs à la nation
française ? Témérité que nous n'avons jamais
eu ni le droit ni la volonté de hasarder,
comme prophétisant sur l'avenir, dont la
connoissance est réservée à Dieu seul : mais
il n'y a point de témérité en nous d'avoir
répété, d'avoir rappelé aux Français ce que
l'ange Raphäël a chargé expressément Thomas Martin de leur annoncer de la part de
Dieu. Nous avons frémi en voyant la fausse
sécurité dans laquelle la nation française
s'entretenoit, sans aucun égard aux avertissemens qui lui sont donnés. Nous déplorons
le sommeil funeste auquel elle se livre, parce
que le réveil peut être terrible. Quel est le
mécréant, l'athée le plus révolté contre la toute-
puissance de Dieu qui pourra lire avec quelque attention les avertissemens, les menaces faites à la nation française, contenus
dans les révélations faites à Martin par l'ange
Raphaël, sans éprouver une impression de
crainte, s'il a seulement en lui l'attachement
si naturel à sa propre conservation ?

CVI. Enfin, s'il est constant qu'en France,
royalistes et jacobins, tous sont convenus
que la première restauration avenue le 31
mars 1814, a été un miracle de la toute puissance de Dieu : s'il est vrai, suivant la pa-

(1) Explication sur les Evangiles, tom. 5, p. 228.

role de l'ange Raphaël, que nous avons été *frappés de nouveau* de la douloureuse plaie des *cent jours pour n'avoir pas senti assez ce miracle, pour notre manque de reconnoissance* de ce bienfait, tâchons du moins de profiter de cette leçon. Gardons - nous d'avoir le tort qui seroit vraisemblablement puni encore plus rigoureusement, de ne pas sentir assez le miracle des révélations de l'ange Raphaël à Thomas Martin ; n'affectons pas de mépriser les inspirations de celui qui nous instruit de la part de Dieu qu'il y a actuellement en France une conspiration très active contre la personne du Roi, et contre son gouvernement, *et que les chefs ont été désignés au Roi de manière à ne pouvoir s'y méprendre.* Nous avons donc été bien fondés à dire au commencement de cet écrit, que ces révélations méritoient d'être prises dans une sérieuse considération, vu leur importance pour le salut du Roi, pour le salut de la famille royale, et en général de tous les habitans de la France : et ne fut-ce que sous ce dernier rapport, nous serions plutôt en droit de reprocher aux journalistes d'avoir parlé beaucoup trop légèrement dans leurs feuilles de ces révélations, ou ce qui est la même chose, de celui à qui elles ont été faites; en voulant, par exemple, se prévaloir contre lui de la conformité de son nom avec celui d'un autre individu du même nom ; de Martin, qui, dit-on, étoit un visionnaire; pour lui imposer la même qualification, et attirer sur la personne de Thomas Martin le mépris attaché à cette qualification;

d'où il s'ensuivroit que le célèbre évêque de Tours, qui portoit le nom de Martin, et qui eut aussi, quand il vivoit, des révélations divines, pourroit aujourd'hui encourir le surnom de *visionnaire.* Cette manière de raisonner, vicieuse en elle-même et dans ses conséquences, devient un tort bien plus grave, lorsqu'il s'agit d'un sujet dont les circonstances de fait, ainsi que la matière que l'on y traite, appartiennent entièrement à la religion, et sur lequel, à l'exemple du chancelier Gerson, on n'eût jamais dû écrire *qu'avec crainte et tremblement.*

« Le Dieu éternel (dit l'auteur de l'I-
« mitation de Jésus), le Dieu grand, dont
« la puissance est infinie, fait sur la terre
« et dans le ciel de très grandes choses,
« qu'on ne peut se permettre d'examiner
« à la foible lumière de la raison humaine.
« Il n'y a pas de recherches à faire sur ses
« œuvres merveilleuses. Si les œuvres de
« Dieu étoient de nature à être facilement
« comprises par l'humaine raison, on ne
« pourroit pas dire qu'elles sont admira-
« bles et ineffables. » (Imit. de J.-C. liv. 4.
ch. 18. v. 5.)

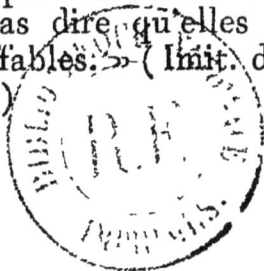

A DIJON, CHEZ FRANTIN, IMPRIMEUR DU ROI. 1817.

ERRATA.

PAGE 12 , ligne 4 , *12 mai* ; lisez , *12 mars.*

Pag. 21 , n.º 56 , lig. 1 de ce n.º , *dans son épître 25.ᵉ* ;
lisez , *dans son épître 250ᵉ.*

Pag. 59 , au texte latin , lig. 6 , *auctoritate nitor* ;
lisez , *autoritate vitae.*

www.ingramcontent.com/pod-product-compliance
Lightning Source LLC
Chambersburg PA
CBHW070129100426
42744CB00009B/1772